名师名校名校长

凝聚名师共识
回应名师关怀
打造名师品牌
培育名师群体

看见思维

指向数学核心素养的可视化教学

黄伟祥 著

辽宁大学出版社
Liaoning University Press

图书在版编目（CIP）数据

看见·思维：指向数学核心素养的可视化教学/黄伟祥著. —沈阳：辽宁大学出版社，2022.11
（名师名校名校长书系）
ISBN 978-7-5698-0937-4

Ⅰ.①看… Ⅱ.①黄… Ⅲ.①小学数学课－教学研究 Ⅳ.①G623.502

中国版本图书馆 CIP 数据核字（2022）第 170480 号

看见·思维：指向数学核心素养的可视化教学
KANJIAN·SIWEI: ZHIXIANG SHUXUE HEXIN SUYANG DE KESHIHUA JIAOXUE

出 版 者：	辽宁大学出版社有限责任公司
	（地址：沈阳市皇姑区崇山中路 66 号　邮政编码：110036）
印 刷 者：	沈阳海世达印务有限公司
发 行 者：	辽宁大学出版社有限责任公司
幅面尺寸：	170mm×240mm
印　　张：	14
字　　数：	230 千字
出版时间：	2022 年 11 月第 1 版
印刷时间：	2022 年 11 月第 1 次印刷
责任编辑：	李珊珊
封面设计：	高梦琦
责任校对：	吕　娜

书　　号：ISBN 978-7-5698-0937-4
定　　价：58.00 元

联系电话：024-86864613
邮购热线：024-86830665
网　　址：http://press.lnu.edu.cn
电子邮件：lnupress@vip.163.com

序　言

数学，是什么？

数学，给你留下哪些印象？

对于第一个问题，多数人会回答：数学是计算、是数字、是图形、是公式、是法则……

对于第二个问题，多数人会回答：刷题、枯燥、抽象、难学、害怕……

面对这样的答案，作为一名教育工作者，我内心是很难受、很沉重、很恐慌的。因为从小学一年级开始数学就成为主干学科，相信从这个时候起，由于种种原因有些学生已经产生惧怕数学、厌恶数学甚至厌恶上学的心理，失去学习的信心，从而直接影响学生的认知状态、学习情绪与心理状态。那么，怎样才能改变现有数学教育生态，让学生的认知状态充分调动起来，让学生觉得数学好玩、有趣、有道，让学生的学习情绪、心理状态得到滋养，让数学成为养智、养身、养心的学科呢？

如果要解决以上难点与痛点，就必须让隐性抽象的数学成为显性直观的数学，着眼于学生对所学内容的整体理解，将本来不可视的思考方法和路径呈现出来，致力于把复杂的问题简约化、深奥的道理可视化、隐性的思路显性化、零散的知识系统化、抽象的模型具体化。思维可视化既是一种教育教学理念，又是一种教育教学策略，它是一种让思维看得见的力量。

思维可视化教学是以数学思考为主线，努力将看不见、摸不着、不可言说的思考方法和路径，运用语言、图形、符号、文字等多元表征形式，通过创设可视化场景、鼓励动手操作、展开思维过程、教师提示点拨等手段，以"视觉""听觉"方式呈现出来，帮助学生在解决问题的过程中，改变浅尝辄止、循规蹈矩、死记硬背的思维习惯，从知道"是什么""怎么样""有什么用"逐步向"为什么""还能怎么样"等深层次的思维发展，促进学生深度学习真实发生。

时光荏苒须当惜，风雨阴晴勤值历。自《义务教育数学课程标准（2011年版）》推行后，我们团队一直致力于数学思维可视化教学研究。11年的努力，似乎成绩斐然：摘取全国数学课堂教学比赛一等奖，问鼎广东省青年教师素养大赛第一名，勇夺广东省基础教育成果奖一等奖、广东省创新教育成果奖一等奖……这些成绩的背后就是我们付出酸、甜、苦、辣的研究历程。

《义务教育数学课程标准（2022年版）》（讨论稿）公布之时，我们行动起来，把研究进程中的行、思、悟、道进行总结，期间几易其稿。2022年4月21日《义务教育数学课程标准（2022年版）》（正式版）千呼万唤始出来，用了近半月时间，我们对书稿再修改、再定稿，5月2日把稿件发送给出版社。我们自知浅薄，不敢停步，研究需继续走向远方，需要广大同道中人持续地研究与指导，这就是我们毫无保留地将自己的知识、经验乃至挫折呈现出来的初衷。

本书根据思维形成和发展的规律，坚持"以学为本"的原则，以数感、量感、符号意识、空间观念、几何直观、数据意识、运算能力、推理意识、模型意识、应用意识、创新意识为核心要素，以策略导航、路径导引、问题导向为指引，以整体学习、关联学习、创造学习、对话学习为主要方式，致力于让教学走向"可见的学习"，就是教师要看得见学生的"学"，始终知道自己的作用；学生看得见教师的"教"，并逐渐成为自己的教师。"可见的学习"的目标是让每个学生都成为心智自由的学习者，唯有帮助学生成为自我学习者（自定目标、自主建构、自我反思）并让他们体会到学习的乐趣，才能让他们成为终身学习者。

"看见·思维"就是立足儿童，树立儿童的主体意识，让教学看得见儿童；"看见·思维"就是关注思维生长过程，促进儿童学习方式的转变，让教学看得见儿童真正在学习；"看见·思维"就是聚焦课堂，激发儿童思考的主观能动性，让教学看得见儿童的生命在成长。

黄伟祥
2022年5月

目　录

第一章　多元表征，让数的感悟可见

一、数境引导，激发数感意识 ……………………………………… 3

二、数数活动，认识数的结构 ……………………………………… 7

三、直观形象，理解位值内涵 ……………………………………… 10

四、数线模型，感知数序关系 ……………………………………… 12

五、合理估算，发展直觉思维 ……………………………………… 13

六、动手操作，建立数感通道 ……………………………………… 16

第二章　具身体验，让数量感知可见

一、整体视野，构建测量体系 ……………………………………… 24

二、实感体验，多维培养量感 ……………………………………… 26

三、估测实测，积累量感经验 ……………………………………… 37

四、纵横关联，形成量感系统 ……………………………………… 38

第三章　符号互译，让理解简易可见

一、问题解决，感悟符号价值 ……………………………………… 42

二、创建符号，促进问题理解 ……………………………………… 46

三、应用符号，明确数量关系 ……………………………………… 49

四、符号表达，变化规律清晰 ……………………………………… 51

第四章　算理算法，让运算思维可见

一、理解理法，提升思维品质 ……………………………………… 57

二、提炼算法，运算合理简洁 ··· 66

　　三、估算精算，运算灵活多样 ··· 70

　　四、问题解决，理解运算意义 ··· 73

　　五、养成习惯，从育知到育心 ··· 76

第五章　数形结合，让思维路径可见

　　一、图形描述，分析问题直观 ··· 81

　　二、图形变换，预测结果形象 ··· 83

　　三、图形直观，抽象结论易见 ··· 88

　　四、直观模型，内化逻辑关系 ··· 90

　　五、图形刻画，思路趋向明朗 ··· 92

　　六、外化于形，理解高阶思维 ··· 94

第六章　操作想象，让空间思维可见

　　一、整体认知，联结图形关系 ·· 100

　　二、抽象特征，感知图形表象 ·· 102

　　三、动思结合，揭示本质属性 ·· 104

　　四、思考想象，发展空间思维 ·· 110

第七章　合情演绎，让推理意识可见

　　一、推理素材，激活探究思考 ·· 120

　　二、推理路径，驱动质疑思辨 ·· 122

　　三、理解内涵，交织合情演绎 ·· 130

　　四、推理反思，引导再证提质 ·· 134

第八章　品味数据，让蕴含的信息可见

　　一、挖掘数据，现实生活尽显 ·· 139

　　二、合适表达，数据呈现简洁 ·· 143

　　三、数据分析，决策判断精准 ·· 147

四、样本数量，事件有规可循 ·· 149

第九章　建模用模，让模型结构可见

一、现实原型，启动模型意识 ·· 159
二、探究活动，共建数学模型 ·· 162
三、深化模型，变换中显本质 ·· 167
四、模型解释，回归生活实例 ·· 169
五、解决问题，体现用模价值 ·· 169

第十章　综合实践，让应用意识可见

一、联结生活，感悟数学有用 ·· 174
二、探究新知，学会运用数学 ·· 178
三、强化应用，知道善用数学 ·· 182
四、链接课外，增加实践作业 ·· 184
五、学科融合，主题项目学习 ·· 185

第十一章　创新思维，让成长价值可见

一、创新环境，营造宽松环境 ·· 196
二、创新基础，发现提出问题 ·· 201
三、创新核心，多维思考问题 ·· 205
四、创新方法，归纳概括结论 ·· 209

后　记 ·· 211

第一章

多元表征，
让数的感悟可见

数感主要是指对于数与数量、数量关系及运算结果的直观感悟。能够在真实情境中理解数的意义，能用数表示物体的个数或事物的顺序；能在简单的真实情境中进行合理估算，作出合理判断；能初步体会并表达事物蕴含的简单数量规律。数感是形成抽象能力的经验基础。建立数感有助于理解数的意义和数量关系，初步感受数学表达的简洁与精确，增强好奇心，培养学习数学的兴趣。

——《义务教育数学课程标准（2022年版）》

说起数感，教师总有一种说不清的感觉，因为它比较玄、有些虚、不容易把握。教师在教学时，不容易把数感传授给学生，而学生也很难一下子把数感弄明白，因为数感的培养是教师在教学中应用多种策略一点一滴建立起来的，是一个春风化雨润物无声的过程。

数感是指关于数与数量、数量关系、运算结果估算等方面的感悟。将数感表述为感悟，揭示了这一概念的两重属性：既有"感"，如感知，又有"悟"，如悟性、领悟。"感"是外界刺激作用于主体，通过肢体（如感官等）而不是通过大脑思维而产生的，它含有原始的、经验性的成分。"悟"是主体自身的，是通过大脑思维而产生的。"感悟"是既通过肢体又通过大脑，因此，既有感知的成分又有思维的成分。

数感的本质是学习者在学习过程中基于积极的态度逐渐形成的一种体验和感知，是具有内隐性的、非结构化的。因此，数感的形成和发展往往与学习者的个人体验或经历密切相关。因此，在教学中，教师一方面要让学生结合现实情境理解数的含义，用多元表征的方式表示数量的多少和数的大小，用适当的数描述日常生活中的现象，了解数量关系的过程，估计运算的结果等。另一方面，教师要注意多种感官的协调，使学生在动脑、动口、动手的活动中增强感知，丰富体验。同时，要注意引导学生在从具体到抽象的过程中逐步提高对数和数量关系的理解水平，增强用数学眼光观察世界、用数学思维分析世界、用数学语言表达世界的意识和能力。

莱什提出数学学习的五种表征（见图1-1），分别为实际生活情境、图像、操作模式、口语符号和文字符号。当学生对数感具象化时，教学应借助这五种表征活动让数的认知操作化与活动化，实现多种表征之间的沟通互译，促进数感的深化理解，这是数感形成的过程。

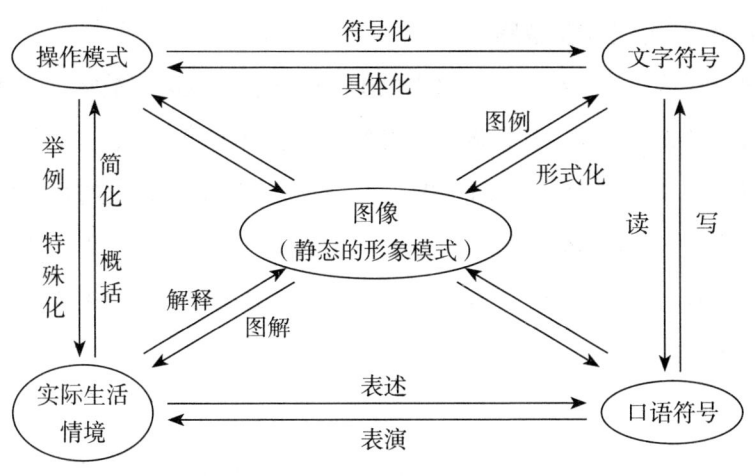

图1-1 数学学习的五种表征

一、数境引导，激发数感意识

基于情境的数学学习是有效的，基于语感的学习情境称为"语境"，那么，基于数感培养的学习情境则称为"数境"。数感培养离不开"数境"的创设。在教学"数的认识"时，我们要注重借助具体情境理解数的意义，促进学生数感的形成。

数感的形成是学生在初步了解概念之后，通过与身边事物、事件进行对照得来的。可以说，数感的形成过程，就是学生认识数、感受数、交流数和用数来解决问题的过程。这些要依托于生活实际，需要教师主动创设情景、巧妙安排问题，循序渐进地引发学生思考感悟。

情境创设是小学数学教学中常见的教学方法，创设良好的教学情境可以有效地吸引学生的注意力，提高学生的学习兴趣，还可以激发学生的数感意识，提高学生的数感。我们在创设情境时，一般应遵循以下原则。

1. 以人为本：让学生站在课堂正中央

随着人本教育的发展和实施，学生已经成为课堂的主体。因此，在情境创设的过程中，要以学生的兴趣和认知为主体，以期引起学生的共鸣，使其积极参与数学学习。学生对数的感知，离不开具体情况。生活中的现实题材可以激发学生的学习兴趣，激活学生现有的、与主题相关的生活经验，促进学生主动建构数学知识，培养学生数感。

比如，教学"数一数"，教材提供了一幅看上去内容很简洁、实际上信息却很丰富的场景图，葱茏的树木、飞舞的蝴蝶、自由的小鸟、开心的小朋友，这样的场景图有利于引发学生的快乐回忆，激发其学习数学的积极性和主动性。图中的物体和人的数量可以分别用1~10来表示，依次数一数，有助于学生调动1~10的已有知识，初步学会数数的方法，知道可以用数来说明物体的多少。（见图1-2）

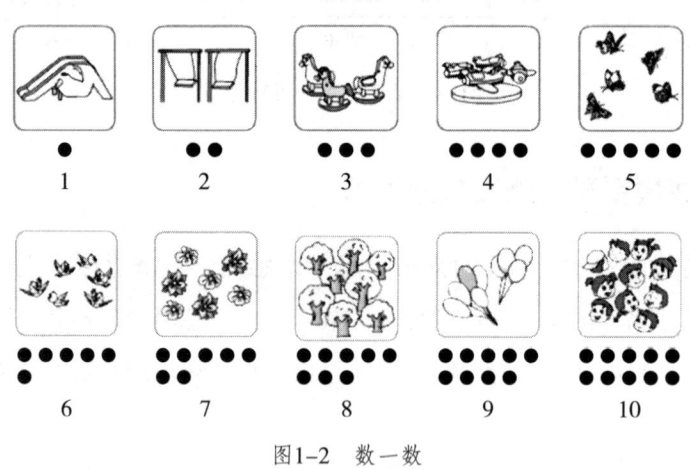

图1-2 数一数

在场景图教学环节结束后，学生们被引导在教室和校园里数出10个物体的数量，并被鼓励通过画一个勾或一个点来写下这些物体的数量，然后相互交流。这样，学生就可以进一步体验数字与生活的关系，丰富自己对10以内数的感性认识。

2. 寓教于乐：兴趣是最好的老师

创设情境是为了吸引学生的注意力，所以情境要寓教于乐，让学生在寓教于乐中获得知识。猜数游戏是培养数感的重要途径，因而组织有趣的猜数游戏是关键。例如，人教版数学一年级下册中的"数学游戏"。

> 案例链接

数学游戏

师：老师心中有一个数，谁知道是多少？
生₁：50。
师：少了。
生₂：99。
师：多得多。
生₃：60。
师：多一些。
生₄：55。
师：少一些。
生₅：57。
师：正确。

如此猜数游戏，既锻炼了学生结合具体的情境把握数的大小的比较本领，又发展了学生的数感。一方面，通过活动进一步使学生理解"多一些""少一些""多得多""少得多"的含义，从而在具体情境中把握数的相对大小关系。另一方面，渗透了用"区间套"逐步逼近的思想，这样的交流活动对于培养学生良好的数感具有十分重要的作用。学生在体会数的大小的同时，还能学到一种解决问题的有效策略。猜数的学生要提出有价值的问题，另一个学生要根据自己写的数，予以正确回答，有利于发展学生的数感。

3. 生活性：生活处处有数学

数学是一门实用型学科，和我们的生活息息相关。数感是一种感知，教师根据学生的思维特性要为学生准备具体的、具有现实意义的、易感知的背景，帮助学生在具体的情境中主动感知和认识数，在情境中渗透生活中的数学知识，从而认识到数源于生活，数在生活中无处不在，这是培养学生数感的重要方式之一。

> **案例链接**

猜大小

师：老师买了一台电视机。根据给出的条件猜一猜，老师买的是哪种电视机？

　黑白电视　　　　彩色电视　　　　液晶电视机　　　液晶电视机
　750元　　　　　1280元　　　　　3120元　　　　　2980元

课件出示：

（1）这四种中的一种。

（2）是液晶电视机。

（3）是两种液晶电视机中比较贵的那种。

学生尝试。

师：猜到了吗？

生：猜到了，老师买的是3120元一台的液晶电视机。

……

师：正确。

　　引导学生感受生活实例，并从中深刻理解数学知识，不仅能加深学生对数学与生活相联系的理解，更重要的是使学生形成对数的良好直觉，而这种直觉恰恰是数感建立的基础。这一教学情境的创设，在有效激发学生主动参与学习进程的同时，通过猜一猜活动，让学生能够结合自己已有的生活经验和知识储备来作出判断。在判断的过程中，学生势必要利用到给出的数及每个数所对应的具体事物，这样就潜移默化地帮助学生建立起数与事物间的对应关系。

　　小学生的思维是外在、形象、直接的，探究的知识越接近学生熟悉的生活实际情境，学生就越容易接纳。要想让数学学习内容和学生已有的知识建立联系，并能产生自然迁移，教师要以学生已有的现实经验为基础，对其循序渐进地渗透数感意识。数是一个很抽象的概念，特别是大数，对学生来说更加难以理解。教师需要在现实生活中帮助学生积累数感，使学生获得对大数的感知。

例如，在数学活动"一亿有多大"中，为了让学生具体感知"一亿"这个抽象的数字，教师以学生熟悉的生活情境为背景，引导学生积累数感：如果数1下要1秒，要数3年零62天才能数一亿；一亿粒米重2500千克，假设每个人每天吃大米400克，一亿粒大米可以让一个人吃17年；1亿张纸摞起来1万米，比珠穆朗玛峰还高……以生动、庞大、富有说服力的情境（甚至可以是一些动画视频），引导学生感知一亿的大小，使一亿这个抽象的数字在学生心里扎根。（见图1-3）

图1-3　一亿有多大

二、数数活动，认识数的结构

教授低年级学生数的认识（主要是整数的认识）时，很多教师认为教学内容比较简单，多数学生已经掌握，没什么可教的。这是将教学的关注点局限在数的读写与组成、计数方法等基本知识层面，结果必然会使学生的认识停留在浅层。其实，教学的着眼点不应囿于基本知识，还应指向数感，促进学生对数本身以及数与数之间关系的深刻理解——这对数的运算的学习尤为重要。

数感是高度个性化的产物，它不仅和学生已有的数概念相联系，也和怎样形成这些概念相联系。引入有关材料，让学生用不同的材料表示数，寻找这些表示方法的相同之处（内在联系），可以帮助学生理解数的组成，丰富学生对数的意义的认识，增强学生的数感。

数数是培养数感最原始、最朴素、最简单的方法。数数能帮助学生感知数的序数特征、基数特征、大小关系以及结构特征。教师可以引导学生用多种方式数数，不仅能按十进制计数法的计数单位数，而且能按自定义的"计数单位"数。对于后者，如果学生数起来有困难，教师可以引入数轴工具。数轴可以让数更加直观，尤其能够体现数的有序性和大小关系。

亿以上数的认识

师：十万都这么大了，还有比它更大的数吗？

生：一百万、一千万、十亿、百亿……

师：请同学们想一想，10个一万数10次，得到了十万，那么一百万、一千万又是怎样得到的？并利用你手中的计数器，一边拨一边十万十万或一百万一百万地数，看看你能得到什么数？（学生两人一组边拨计数器边数数）

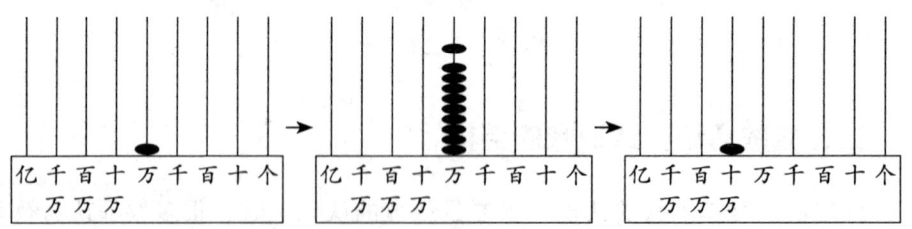

生：我是一百万一百万地数，得到了一千万。

师：那你试着数一数。

生：一百万、二百万……一千万。

师：九百万再加一百万是多少？10个一百万又是多少？

师：通过刚才的数数，你得到了什么？

生：10个一百万是一千万。（板书）

师：还有不同的数法吗？你是怎样数的，你又得到了什么？

生：我是十万十万地数，得到了一百万。

师：那你也试着数一数。

生：十万、二十万……一百万。

师：谁也是这样数的？请你试着数一数。

师：九十万再加十万是多少？10个十万是多少？通过数数，你又得到了什么？

生：10个十万是一百万。（板书）

师：10个一万是十万，10个十万是一百万，10个一百万是一千万。那一千万一千万地数，又能得到什么？我们用计数器一起来数一数。

生：一千万、二千万……一亿。

师：一亿是一个新的计数单位（板书），谁来说说看，一亿是怎么得到的？

生：10个一千万是一亿。（板书）

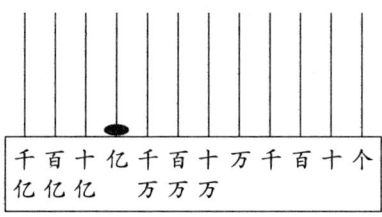

……

如何更好地突破从"十万"到"一亿"的过渡这个教学难点，显然不仅仅是通过数数，更需要借助计数器，让学生真正体验数感的构建过程。

教学中，教师让学生边拨边数进行数数的推理活动。把每一次认识的新的计数单位都与计数器联系起来，使学生对十进制计数法"满十进一"的计数原则印象深刻。为了让学生充分经历数数的活动，在进位的"关键处"教师进行了追问，让学生明确什么时候要进位。例如，当学生数到"九千万"的时候，教师追问"再加上一千万是多少"，然后得出"10个一千万就是一亿"。这样能加深学生对计数单位之间关系的理解，直观感受计数单位的大小。

因此，利用计数器上的"拨一拨""数一数"，既让学生认识了比十万更大的数，又突破了大数目"满十进一"的教学难点。这一环节的教学，把对学生数感的培养落实到了数数的推理活动过程中，融入了相邻计数单位"十进"的关系，加深了学生对数学知识的整体把握，培养了学生良好的数感。

三、直观形象，理解位值内涵

如果说利用生活经验形成数感是将儿童课堂以外的活动经验及其所见所闻融入了数学学习，那么借助直观形象则是利用了儿童善于形象思维的本能。因此，通过教具的演示和学具的操作来帮助学生建立数的概念，形成数感，也是小学数学教学不可或缺的手段。

借助直观形象的经典方法就是利用计数器。计数器与数位顺序表一一对应，通过计数器的演示，还能让学生看到满十进一的过程，感悟十进制的构造。但相对于实物直观来说，计数器又具有一定的抽象性，难以表现数的实际大小。

"认识10"是数的认识相关教学内容中的一个关键点，在这节课中，学生第一次认识新的计数单位"十"，第一次体会"位值"概念。学生的认知要从"数数"过渡到对"数值"的理解。

认识10

1. 寻找生活中的10

师：刚才我们认识了数10，在我们的周围有很多与10相关的内容，大家能举例说一说吗？学生互动交流：生活中很多包装都是10个一盒；五言古诗中每两句都是10个字；等等。

2. 抽象出数学中的10

师：10真是无处不在，你能在计数器上把10表示出来吗？（学生有多种呈现方式）

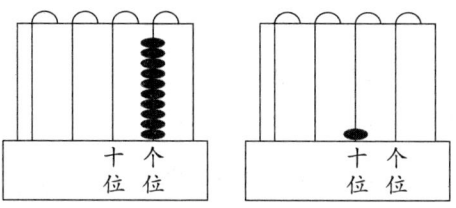

师：你认为哪种表示方式更准确？

学生交流，重点体会：①在十位上用一颗珠子，就可以表示1个十。②同样是一颗珠子，放在不同的位置上表示的数不一样。在个位上表示的是1个一，在十位上表示的是1个十。

3. 多元表征10

请学生用不同的方式表示"10"（见下图）。

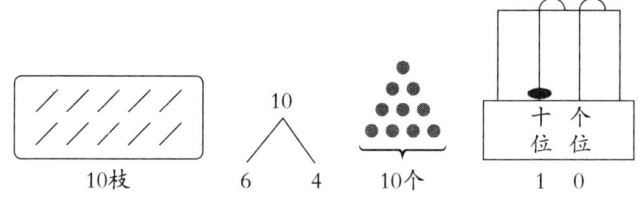

师：正确。

对于一年级学生来说，"数数"是相对简单的内容，但从能正确"数数"过渡到对"数值"的理解，很是困难。而数学眼光的价值就在于让学生不仅能看到"数"，更能看到数的"值"。学生对数的理解是缓慢建立的，他们需要通过实物表征、图形表征、语言表征甚至符号表征等方式，将自己对数内隐的感知外显化；他们需要借助计数器，"看"到珠子在不同位置上时表示的不同数值，进而体会到数在不同的数位上可以表达不同的数值。也就是说，"位值"概念建立的过程，既是数感形成的过程，也是学生数学眼光提升的过程。

以上教学过程，"嫁接"学生的生活，"链接"数学的本质，培养的是学生的"数感"，提升的是学生的"数学眼光"。

四、数线模型，感知数序关系

数感是抽象化的产物，而数也是抽象的结果。在数学教学中往往可以采用多种表达方式，不同的表达方式有助于学生从不同的角度认识数，从二维的直观模式向三维的立体模式发展。教师在教学中要根据学生已有的知识经验，引导并规范学生用多种方法来表达对数的认识，从多个维度进行认知，使学生逐步建立数的概念。

数线模型以其直观的形象、贴近小学生的认知等优势在教材中随处可见。在一年级数学教学中适当运用数线模型，对学生理解数序、感知数与数之间的联系有着不可替代的作用。

例如，在教学"11~20各数的认识"时，为了帮助学生掌握11~20各数的数序，我们设计了"给朋友找家"的游戏环节。

案例链接

11~20各数的认识

师：我们来做个小游戏，这条线上住着许多数朋友。10找到家了，20也找到家了，11~19也要找家，谁来帮帮它们？

生$_1$：拿着数卡片15走过来。

师：15在哪里？往哪里放？为什么？

生$_1$：15在10和20的中间，所以放在这里。

师：18放在哪里？

生$_2$：在15和20的中间。

师：18离15近，还是离20近？

生$_2$：18离20近，离15远。

五、合理估算，发展直觉思维

数感的形成和发展是基于一定策略依托的。数感水平的高低，在估数中得到了很好的体现，而估数活动又是发展数感的重要载体。估算的意识与能力直接影响运算技能，作为数学教师，有责任在教学中时刻重视培养学生的估算意识，让估算成为一种习惯。在运算教学中，尤其是在中高年级的多位数运算以及整数、小数、分数混合运算中，要设计"估一估"的环节，让学生先估后算。

1. 在推理估算中培养数感

在数感培养的过程中借助推理，能促进学生数感水平的提升。一方面，数感推理可以通过以已知量为参照物，估计其他量；另一方面，根据部分与整体的关系，通过部分估计整体或者通过整体推测部分。

例如，估一估，数一数这里大约有多少只蜜蜂？（30只、300只、3000只）（见图1-4）

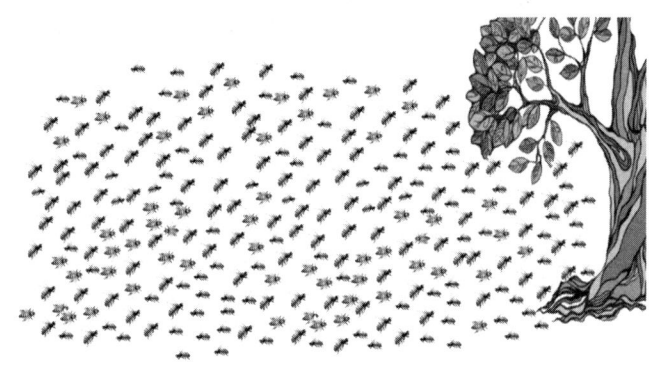

图1-4 估一估，数一数大约有多少只蜜蜂

这道练习考查的是学生的数量直觉，在30只、300只、3000只的选择中，反映了学生的数感水平。当然，我们可以以此为契机，培养学生的数感，可以通过"蜜蜂一小群10只"这一已知量为参照物，估计全部蜜蜂的数量。

又如，下列练习形式都能很好地借助推理来培养学生的数感。第（1）题（见图1-5）是已知总量和部分量与总量之间的关系，推测部分量；第（2）题（见图1-6）和第（3）题（见图1-7）是已知部分量和其他量与部分量之间的关系，推测其他量。

（1）估一估，填一填，各有多少颗绿豆？

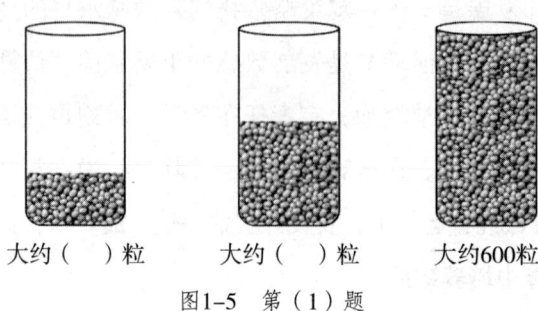

大约（　　）粒　　大约（　　）粒　　大约600粒

图1-5　第（1）题

（2）估一估，填一填，各有多少颗糖豆？

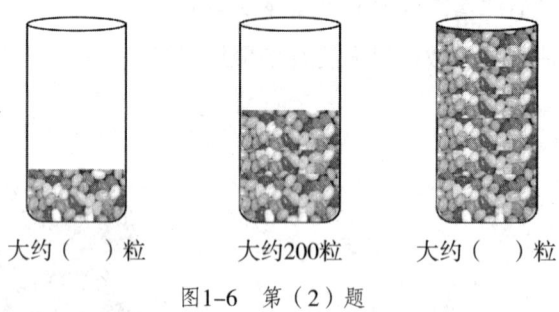

大约（　　）粒　　大约200粒　　大约（　　）粒

图1-6　第（2）题

（3）比一比，估一估，填一填。

图1-7　第（3）题

这种基于已知来估测未知的方法是数感培养的一种重要策略，在感受一定数量物体的多少中，运用推理的思想方法，更有效地体验数的相对大小关系。

2. 在想象推理中培养数感

以往我们在培养学生的数感时，更多是采取数实物的方式。这种方式虽然在小数目数的认识中有一定的意义，但是在以间接经验学习为主的大数目数的认识中，这种数实物的方式对于学生数感的培养价值就不大了。现在我们通过基于想象的数感发展，换一种思路建立数的相对大小关系，以数形结合为手段，创新学生数感培养方式。例如，借助线段、平面图形、立体图形等，通过估一估、画一画来理解万以内数的相对大小关系，借助"形"培养学生的数感，在感受的同时重视估计方法的渗透和解决问题经验的积累。

例如，如果把这条线段长表示为6000，那么这一小段大概是多少？（见图1-8）

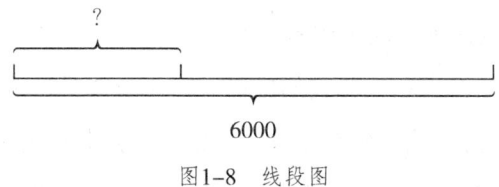

图1-8　线段图

学生通过想象与分析推理，估计这一小段的长度大约是2000。

现在，我们把这一小段表示数的大小改为3000，那同样的整条线段会发生怎样的变化呢？大约是多少呢？你是怎样想的？（见图1-9）

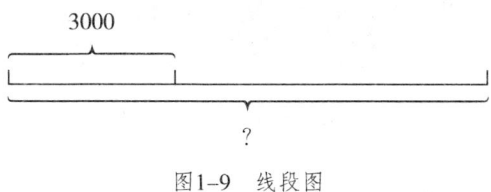

图1-9　线段图

学生在这样的数学情境中，感悟部分量和总量的关系，体验变化的相对性，从而通过想象这一思维方式来培养学生的数感。"形"这一载体在大数的认识中能发挥有效的作用，能促进学生数感的发展。

用基于推理的数形结合方式来表示数的相对大小关系是数感培养的一种新尝试。它不仅能让学生感悟数的相对大小关系，而且能实现学生的"数学化"

理解，促使学生学会以数学思维思考，从而更有效地发展学生的数感。

六、动手操作，建立数感通道

学生在动手操作中亲身体验知识的形成过程，有助于深化自身对知识的感知，促进自身对知识的理解，从而使这些内化为数学学习活动的经验。因此，教学中教师要善于利用丰富多彩的生活情境唤醒学生已有的生活经验，让学生在动手操作中感知、体验，从而逐步建立数感。

数感的培养和发展，离不开动手操作。学生认数的过程，需要借助具体的实物操作，在操作中逐步形成有关数的表象，进而抽象出相应的数。从这个角度来看，动手操作好似一座桥梁，能够架设起由具体数量通往抽象数的通道，有助于学生在此过程中建立良好的数感。

1. 做手势：在课内外活动中培养数感

刚入学的孩子们对于和数相关的成语、数学游戏具有浓厚的兴趣。于是，我们开展了"亲子数字成语、故事活动"，亲子寻找带有数字的成语，亲子共读这些故事，同时配合数字手势的数学游戏活动。活动分三部分开展，具体如下：

第一部分，学习"你知道吗"。我们采用"课堂上教"和"课后巩固"的方式让学生掌握手势和数的一一对应。（见图1-10）

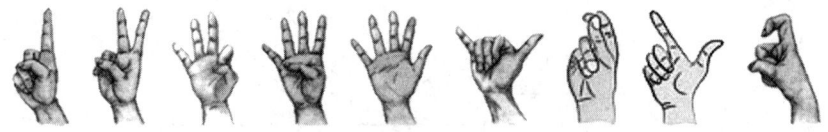

图1-10 学习"你知道吗"

第二部分，教学"9（10）的分与合"后，带领学生用手势配合"9分成（　）和（　）"的语言加深知识点的学习。课堂上，我们边说边做。例如，一边说"9分成1和8"，一边两手分别做"1"和"8"的手势。课后，学生按照示范视频进行巩固，每人以视频的方式过关，教师再对孩子的表现一一进行评价。

第三部分，亲子、同学间数学游戏。亲子游戏，如"10的合成"，家长说

"我出3"的同时做3的手势,学生立刻说"我出7"并做7的手势。接着继续说10的其他合成方法。课间做这个游戏,学生可以和同学玩,也可以用自己的双手分别扮演不同的角色,巩固知识、丰富活动的同时,开发了学生的左右大脑同时工作的潜力。

活动体验:可以用图1-10的手势表示1,2,…,9。

2. 连一连:在情境活动中增强数感

刚入学的孩子对于"数学"的经验基本来自浅显的生活经验。巧妙地帮助他们借助生活经验内化数学知识。

基于学生年龄特征,我们可以设计这样的活动:"鞋够吗"。(见图1-11)

图1-11 活动"鞋够吗"

案例链接

连一连:鞋够吗?

1. 观察图意,用自己的话表达图意;
2. 全班交流图意,达成共识——6个孩子去舞蹈房上课,要换鞋子;
3. 设问:鞋够吗?独立思考,再说说你的想法;
4. 学生交流。

学生$_1$:不够,6比7小。

学生$_2$:够了,6比7小。

教师引导:两位同学意见相反。你能用图上的意思来说说吗?

学生$_3$:6个人去穿鞋,每人一双,6双就够了。

> 学生₄：第一个人和第一双鞋连线，第二个人和第二双鞋连线……最后一双蓝色的鞋子就没有人和它连线了。
>
> 教师：你听懂他的意思了吗？试着按他的想法连一连。（学生操作）
>
> 教师：（再次多人交流）最终统一思路，达成共识。

通过引导，学生发现"两位同学意见相反"，帮助学生直面"只看6<7无法对问题作出有效判断"，从而激发他们寻求有效解决问题的途径。通过连一连，学生发现"多出一双鞋"。接着把数放入生活情境中，作出"需要的数量"和"所给的数量"之间关系的判断，体会数在实际生活中的"活"用途，在生活化的情境中建立数感。

3. 抓一抓：在估数探究中积累数感

学生学习了数字20后，教师设计了"估一估"的实践活动：抓一抓、估一估。

让学生用同一只小手分别抓一抓20颗花生和20颗黄豆，孩子们都能体会到20颗黄豆抓在手里感觉比20颗花生少。学生讨论后得出"因为每一颗花生都比黄豆大一些"。接着，以"如果用同一只小手抓20颗绿豆和20颗黄豆，抓在手里感觉会怎样？"引发学生思考，最终达成共识：每一颗花生都比黄豆大一些，每一颗黄豆都比绿豆大一些。所以同样是20颗，抓在手里的感觉是花生最多，黄豆第二，绿豆最少。

今后，学生在"估数"时，就有经验了，如估计100颗花生时，就是"大约像抓20颗花生那样抓5次"。把"一份的数量"与"大数"比较，能估计出"大数"是"一份的数量"的几倍，体会"大数"是多少。

学生在"抓""估"的过程中，多种感官协同活动，促进知识的内化，具体地感知数量的多少，体会到数的大小相同、物体的体积不同，也能对物体的数量作出判断，使数感得到进一步提升。

4. 捆一捆：在计数方法中提升数感

史宁中教授说：要让学生感悟数学的本质，积累思维的经验和做事的经验，仅仅经历过程是不行的，还要让学生理解数学本质，感悟数学思想。

基于此，在学生第一次接触"十进制计数法"时，教师设计了让他们"发明"计数法的过程，使其更清晰理解、更牢固掌握"10个1是1个10"，感受数的表示方法的合理性，以此提升数感。

认识11~20时，我有意识地渗透"一一对应""数形结合"思想，设计如下活动：

首先，让学生实践探索，数出13根、15根、18根小棒，学生有各种各样的数法，有1根1根、2根2根、3根3根、5根5根地数。

其次，引导学生思考："能不能想一个表示方法，可以一下子看出是13、15、18根？"学生发现这些数都是"十几"，想到"十归十，几归几"地表示。

最后，想到可以"先数出十根，捆成一捆，再数出三根，可以看出是13根小棒"。学生动手"捆一捆"：数出十根，捆成一捆，即"十归十"，再数出单根，即"几归几"。（见图1-12）

图1-12 数小棒活动

这样"捆一捆"，再数单根，在形象的"一捆小棒"和抽象的"十"之间建立起了实质性的联系，学生对"10个1是1个10"有了真正意义上的理解，从具体到抽象初步培养数感，是数学思维的一次提升，也为他们今后认识更大的数打下基础。

5. 画一画：在内省反思中发展数感

郑毓信教授说，数学中所说的"反思"即主体对自身行为的自觉"检讨"，主体此时已不再集中于原先所从事的活动，而是"停下来"进行一些新的、更高层面的思考，如自己正在做什么，是如何做的，为什么要这样做，是不是有什么错误，如何能够做得更好一些。

在课堂里，引领学生学会反思非常重要。以习题为例：

在△下面画〇，〇比△多，最少画（　　）个。△△

一部分学生能直接想到"比2大的数"里最小的是"3"。很多学生胡乱写"1""4""5"之类，大多是对题目没有理解透彻。

我们可以这样处理：请学生先画一个○，让他们边观察边反思，学生发现"1个○比2个△少，不对"。顺势引导学生再画一个，学生边观察边反思得出"○和△都是2个，不对"。此时，学生能自发寻找到方法：再画一个，再判断。学生又画了一个，得到结论"3个○比2个△多，符合题目意思"，即"最少画3个○"。

在这里，注重培养学生的观察能力、动手能力、反思能力、在动态的情境变化（图形数量）中修正方法的能力，初步发展学生的解题策略和数感，提升灵活处理数学问题的能力。

6. 排一排：在数轴排列中丰富数感

学生从一年级开始接触数轴，能够在计数与数轴之间建立联系，直观感受到数的排列是有规律、有方向的。因此，我们在课堂上有效地运用数轴，对学生理解数学知识、掌握数学方法有不可估量的作用。在教学中，引导学生动手"排一排"，"创造"了"数轴"，帮助他们在数轴的建构过程中丰富了数感。

如下题，学生按照"从大到小"排列后，教师顺势要求"把它们从小到大排一排"。学生动手"排一排"卡片后，引导学生找出1的前面是0，齐读"0、1、2、3、4、5"。

$$\boxed{2}\ \boxed{5}\ \boxed{1}\ \boxed{3}\ \boxed{4}$$

（1）一共有（　　）张卡片。

（2）左起第2张是（　　），右起第2张是（　　）。

（3）按从大到小的顺序排一排。

$$\boxed{5}\ \boxed{}\ \boxed{}\ \boxed{}\ \boxed{}$$

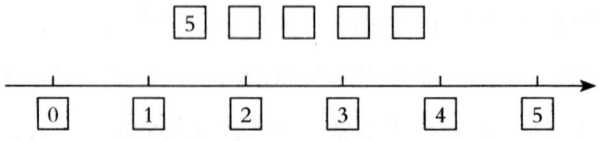

接着询问"像这样，越往右，数越来越怎么样"，让学生巩固"越往右，数越来越大"。教师顺势画上箭头，告诉学生"这是数轴"。接着，请学生完成下题，提示学生尝试用发散思维思考不同的答案。交流"4＞□"时，学生回答"3""2""1"和"0"，引导他们在数轴上找出这些数，并用自己的话表达："4>□，是找比4小的数，它们都在4的左边。"

$$4>\square \quad 2<\square \quad 5=\square \quad 1<\square$$

这样的过程让学生初步感受到"集合"的存在和意义，感受到数轴可以用来认识、比较数的大小，是培养数感的有效工具，对学生进一步建立数感具有一定的推动作用。

学生数感的形成不像一般数学知识和技能那样，通过一段时间甚至一节课的教学就能收到明显的效果。数感的形成是一个潜移默化的过程，需要学生遵循"现实世界—数学世界—现实世界"的过程，遵循数从小到大、从规范的呈现到不规范的呈现的过程，不断地积累与体验。我们在进行数感的培养过程中，也力求帮助学生积累一定的活动经验，掌握一些解决问题的方法，使解决问题的隐性策略能借助一定的载体得以显性化，这对学生的长远发展是很有益处的。

数感是一种高级的智力活动，这种活动更多地需要内隐思维的参与。在教学中，我们要从学生的生活经验入手，充分挖掘生活中的数学素材，引导学生用数学的眼光去观察生活，培养学生用数来表达、交流信息的习惯与意识，让学生的数学学习活动经历语言化过程、符号化过程、领悟过程和自我反思过程，使内隐学习和外显学习有机结合，从而促使学生加深对数的感知，丰富对数的认识，体会数学的价值，促进数感的形成与发展。

第二章

具身体验，
让数量感知可见

  量感主要是指对事物的可测量属性及大小关系的直观感知。知道度量的意义，能够理解统一度量单位的必要性；会针对真实情境选择合适的度量单位进行度量，会在同一度量方法下进行不同单位的换算；初步感知度量工具和方法引起的误差，能合理得到或估计度量的结果。建立量感有助于养成用定量的方法认识和解决问题的习惯，是形成抽象能力和应用意识的经验基础。

——《义务教育数学课程标准（2022年版）》

故事一： 一个上三年级的小学生在人前显摆："我妈妈戴新戒指了！是我爸爸送的！好漂亮的金戒指，有5千克重呢！"大家都笑了。为什么会发生这样的笑话呢？大家认为是孩子缺乏生活经验。是的，生活经验是一个方面，其实还有一个更为重要的原因，那就是孩子不会估测，更为深层的原因是缺少量感。

故事二： 因为新冠肺炎疫情防控需要，学校门口设置了测温门。一个雨天，笔者在学校门口值班，发现了学生撑伞通过测温门的不同情况：有的径直走入，直到伞被测温门挡住时，才发现无法通过，随后收伞通过；有的短暂停留，在估计不能通过后完全收伞走入；还有的直接不完全收伞，在适当微调中通过。这里，学生的不同表现折射出了他们的不同量感：对雨伞宽度与测温门宽度的量的估测不一样。

"量感"是指视觉或触觉等感官对物体规模、程度、速度等方面的感觉，也就是对物体的大小、多少、轻重、厚薄等的感性认识。在小学阶段，"量感"主要是指对长度、面积、体积、时间、质量、货币等的感性认识，这些内容与学生的生活息息相关。它包括对量的比较、运算和估计等方面的感悟。（见表2-1）

表2-1 量感的概念

量感	量的比较	直接比较，利用中间物间接比较，通过测量工具比较
	量的运算	单位换算，进行不同单位之间的四则运算，解决包含数量的问题
	量的估计	能够选择合适的单位对物体的某个属性进行推断估计

对事物空间、时间、质量等属性的测量是培育学生量感的重要载体。围绕测量对象、测量单位、测量工具、测量结果这些核心环节，开展各种动手操作的数学活动，是培育学生量感的重要途径。量感的形成过程是循序渐进、不断提升的，需要学生在多样化、真实可感的数学实践活动中，身心协同地参与体验，进而内化、凝练成个性化的感悟。

一、整体视野，构建测量体系

教材编排从学生的认知规律出发，难度呈螺旋式上升。每类单位在编排上都是从易到难、由浅至深，如人教版教材中的货币单位（一下）、长度单位（二上、三上）、时间单位（二上、三上、三下）、面积单位（三下、四上）、体积单位（五下）。每类单位的认识都让学生在尝试测量中产生认知冲突，体会统一单位的必要性，在多维活动的体验中逐步形成单位的概念表象，在实践运用中感受与生活的密切联系。

表2-2 人教版测量内容中数学活动设计

测量对象	年级	单位	主要活动	所需材料	体验方式
货币	一下	元、角、分	模拟购物	人民币等	兑换感
长度	二上	厘米、米	有趣的身体尺	米尺、卷尺等	距离感
	三上	毫米、分米	测量身边的物品	米尺、卷尺	
		千米	1千米有多远	计时、计步工具	
时间	三上	时、分、秒	体育活动中的时间	计时工具	持续感
	三下	年、月、日	制作年历	不同的年历	
质量	二下	千克、克	身边物体的轻重	各种秤	轻重感
面积	三下	平方厘米 平方分米 平方米	制作面积单位	彩纸、小棒、方格纸等	大小感
	四上	公顷、平方千米	校园的面积	卷尺等	
体积	五下	立方厘米 立方分米 立方米	设计包装盒	硬纸、剪刀、糨糊等	拥挤感
		升、毫升	常用餐具的容量	碗、盆、杯子等	

每个计量单位虽有独特性，但都与其他计量单位存在联系。找到各类计量单位概念之间的异同，有助于学生厘清序列，明确各类计量单位的归属，从而有效发展量感。每类计量单位的属性不同，教学的侧重也不同。例如，学生可以直观"看"到长度单位、面积单位、体积单位；可以在"做"中体验到质量单位；而时间最抽象，看不见、摸不着，更侧重于让学生内在感觉。

量感的培养必须以具身体验为基础，触发、带动头脑想象、思考，从而获得完整的经验（感官经验和思维经验），形成以"感性"为基础的"认识"，简言之，就是身体参与学习过程，身体成为对学习内容多通道感知的载体，成为学习者与学习环境动态交互的支架。具身体验能激发学习者的想象、思考，具身体验的过程就是学习中表情达意的过程。它呼吁人们重视身体经验对头脑认知的作用，以探索更为合适的方式进行学习。具身体验分为三种类型：实感具身、实境具身、离线具身。不管哪种类型都强调，认知发生在实时的、具体的情境中，认知、身体和环境三者是一个整体。

"量感"的培养，源自有效的体验。"体验"是一种"以身体之，以心验之"的活动。体验教学就是要让学生个体在数学学习活动中，运用已有的知识经验，通过行为、认知和情感等多方面的参与，获得对数学事实与经验的理性认知，形成良好的情感态度。

二、实感体验，多维培养量感

小学阶段学生的思维正处在由具体形象思维向抽象逻辑思维过渡的时期，这就构成了学生思维的形象性与数学的抽象性之间的矛盾，而动手操作正是解决这一矛盾的重要手段。量感作为一种抽象的意识形态存在，其培养势必源自有效的活动经验的积累。因此，教学中教师要给学生提供多元的学习素材，留足动手操作、体验过程的时间和空间，让学生在动手操作中充分调动视觉、触觉等多种感官，经历观察、操作、思考、认知的过程，有机地把外显的动作过程与内隐的思维活动结合在一起，深化学生的标准单位量感，培养其空间观念。

1. 用尺量出量感

用尺量出量感是指在量感教学中，特别是长度、面积和体积这些量的教学中，让学生用尺子测量某些长度，通过测量建立表象、形成量感。但量感形成是渐进的，而不是突变的。学生建立量感的前提是充分感知计量单位，形成"单位表象"，进而以"单位"作参照，逐渐发展量感。下面五个实验活动渐进式"认识分米"，将抽象的量变得直观、具体，在"动手做"的过程中培养学生的量感。

活动体验：

量一量：你能用手势表示出1分米的长度吗？（见图2-1）

想一想：1米等于多少分米？

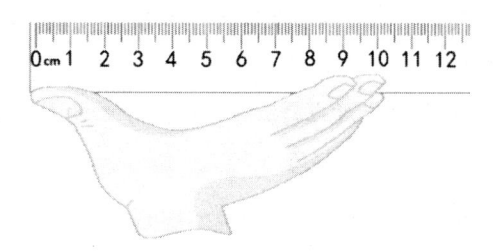

图2-1　"量一量"1分米

案例链接

认识分米

【活动一】感受"分米"产生的必要性

1. 想一想：选用什么单位测量彩带的长度比较合适？（材料准备：50cm的彩带）

2. 估一估：这根绳子大约有多长？

测量一条彩带的长度

这条彩带长不到1米，是50厘米

【活动二】建立1分米表象

1. 认一认：在米尺上找1分米，明确1分米就是10厘米。

2. 指一指：指出直尺上的1分米。

3. 画一画：画出长1分米的线段。

4. 比一比：拇指对准1分米线段的左端，中指对准1分米线段的右端，比画1分米有多长，然后把拇指和中指合拢，闭上眼睛想一想1分米有多长，再用手比画出1分米，并用直尺测量加以验证，反复进行多次练习。

5. 找一找：在身边找出长度或厚度大约是1分米的物体，再量一量、比一比，看谁找得准。

【活动三】感悟度量单位的价值

1. 试一试：认识了1分米，请用手势表示出1分米，并摆1分米的纸条验证自己表示的1分米是否准确。

2. 估一估：估计2分米有多长？6分米呢？和同桌说说你的想法。

3. 说一说：1分米、1分米的纸条首尾相接拼起来，产生更长的纸条，几个1分米就是几分米。

【活动四】估计和测量相结合

1. 试一试：撕出5分米长的纸条。

2. 量一量：用直尺测量撕出的纸条长度，看看是不是5分米。

3. 改一改：根据测量结果进行适当的调整，将5分米的长度记在脑中。

4. 做一做：再一次撕出5分米长的纸条。

5. 玩一玩：根据上面的经验试着撕出8分米长的纸条，并用直尺验证。

【活动五】多样化估测

1. 估一估：课桌的长、宽、高各是多少分米？

2. 说一说：你是怎样估测的？

3. 试一试：根据上面的估测经验，再估一估数学书的宽和讲台的宽各是多少，然后用直尺量出实际的长度，看看你估测得是否合理。

【活动六】沟通长度单位之间的关系

1. 想一想：到目前为止我们已经认识了哪些长度单位？

2. 做一做：用手势把我们学过的长度单位分别表示出来。

3. 说一说：不同的长度单位之间有什么联系？

"分米的认识"案例中，教师可以借助数学实验活动，引导学生在具身体验中体验量感，在估计活动中培养量感，在比较辨析中发展量感，每一个活动都有不同的目的。

活动一：引起了学生认知的冲突，并思考：测量不到1米，用"厘米"作单位测量又过于烦琐，该怎么办呢？在原有长度单位的"不适用性"的背景下，需要创造一个比"米"小但又比"厘米"大的长度单位。于是，新的长度单位"分米"顺势出现。这样教学，不仅让学生感受到"分米"产生的必要性，体会到要想更好地描述多样的现实世界，"度量单位"就要具有多样性。

活动二：通过可观察、可触摸、可表达的实验活动，使"动手做"与"动脑想"有机结合，助力学生逐步形成清晰的单位表象。学生只有亲身体验分米的产生、形成过程，才容易建立清晰、准确的单位表象。通过开展形式多样、层层递进的"操作数学"活动，学生在具身体验中获得对"量"的独特感受，才能积累丰富的量感经验，使量感得以产生。

活动三："测量"教学的关键是建立"单位表象"，"数"出度量单位的个数，培养学生的量感。有利于学生感悟单位的价值，能为进一步认识"量"、培养估测能力积累活动经验。

活动四：通过反复进行"估—量—调整"的过程，提高学生的估测能力、发展学生的量感，使学生对几分米的感知逐渐精准。

活动五：学生在交流中感受估计策略的多样性，进而逐步学会选择合理的策略估计其他物体的长度。学生在估计的过程中，不仅提升了估测的能力，而且对分米的感觉逐步趋于精准，变得敏锐。

活动六：回顾所学内容，整体感知，梳理方法，沟通联系，建立完整的知识体系和良好的认知结构。对学过的长度单位进行纵向对比，一方面能为学生提供思辨的机会，突出知识之间的关联，使他们对长度单位形成更加透彻的理解；另一方面也有助于学生在对比中加深对量的认知，在内化中提升量感。

2. 用眼看出量感

在建立了某些数量的正确表象后，可以让学生不再用工具，而是直接用眼观察，确定数量的大小，从而加深量感的形成。例如，教学面积单位时，学生经历了做一做、说一说、想一想后，可以让学生在练习本上画出1平方厘米、1平方分米的正方形，或者可以用适合的纸张做出1平方厘米、1平方分米让学生观察、比较它们的长度，形成量感。（见图2-2）

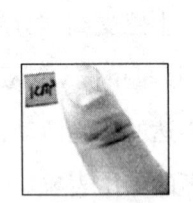

图2-2 认识面积单位

案例链接

面积单位

【做一做】选择合适的材料做出1平方厘米、1平方分米、1平方米。

【说一说】边长是多少的正方形面积是1平方厘米？边长是多少的正方形面积是1平方分米？边长是多少的正方形面积是1平方米？

【想一想】观察1平方厘米、1平方分米、1平方米的单位模型，用手摸一摸，闭眼想一想，在头脑中记住它们的样子。

【画一画】根据记住的样子，画出1平方厘米、1平方分米，再用做出的单位模型验证。

【找一找】生活中哪些物体表面的面积接近1平方厘米？
哪些物体表面的面积接近1平方分米？
哪些物体表面的面积接近1平方米？

【估一估】生活中常见物体表面的面积大约是多少？（如邮票面、课桌面、黑板面等）

学生利用活动材料动手做面积单位模型，进而展示交流、思考辨析，完整地经历了从动作表征到语言表征，再到图像表征的认知爬坡过程，对面积单位的认知也从模糊逐渐走向清晰、从单一走向丰富、从线性走向多维。动手操作数学的活动让概念表象建立得越来越丰满，量感累积得越来越充分，这就能为进一步开展测量活动提供有力支持。

3. 用手摸出量感

这种方法更易为学生所喜爱，因为小学生比较活泼，喜欢动手做，喜欢在做中学。比如，学习长度单位时，可以让学生用手摸一摸不同长度的竹竿。学习面积单位时，可以让学生用手摸一摸不同大小的纸片；学习体积单位时，可以让学生用手摸一摸体积不同的长方体和正方体。

案例链接

认识面积

【找一找】点、线、面

师：大家能找到"点"吗？谁上来用手指一指？

（一名学生上台指"点"）

师：接着再找找"线"，谁找到了？

（一名学生上台用食指"划"黑板上的线，一名学生上台用食指比画了讲台的一周边线）

师：最后，请大家找一找"面"。

师：他指的是面吗？

生：他指的是讲台的一周，应该是周长，不是面。

师：谁再来指？

师：真棒！大家发现没有，这位同学是用手掌摸的讲台的面，而且我觉得她摸得特别好，她用手掌有顺序地摸，摸全、不重复。大家随老师的样子一起摸一摸你们的课桌面。

（学生随教师"摸"自己的课桌面）

【摸一摸】不同物体的面

师：同学们，只有讲台和课桌有面吗？哪里还有面？

生：墙上的开关有面。

师：还有吗？（生：黑板面、屏幕面、墙面、地面、书面）

师：书有几个面？摸摸看。

生$_1$：有2个面。

生$_2$：不对，有6个面。

师：有哪6个面？你上来摸给大家看。

师：谁能找一个跟黑板面、地面、墙面、书面不一样的面？

生：足球的面。

师：足球的面和刚才的这些面有什么不同？

生：其他的面都是平的，足球的表面不是平的。

师：说得真好，黑板面、书面是平面，而足球的表面是曲面。看来"面"的学问大着呢！我们早上起床要离开亲爱的床面、清洗嫩嫩的脸面，上学时用鞋底面踏在宽阔的地面，到校要端正地坐在椅面上……看来"面"无处不在！为我们发现了这么多的"面"鼓鼓掌！

师：瞧，连鼓掌都得用到我们的手掌面。

师：我们说了这么多"面"，现在请把你们看到的"面"一个个画出来。

（学生自主活动，教师巡视并收集学生作品，将学生画的长方形、正方形、圆形、心形、树叶形等板书在黑板上）

师：这些图形有学过的规则封闭图形，也有没学过的不规则封闭图形。我们摸过的、说到的物体的面以及这些图形都是面。（板书：面）

首先，学生通过"找一找"的活动用不同的动作指"点"、划"线"、摸"面"，初步感知了"面"与"线"的区别，意识到讲台面的一周的边线和表面的不同，避免了面积与周长概念的混淆，感受从一维向二维空间的转化，为更深刻地理解"面积"做好铺垫。然后，学生通过"摸一摸"活动，在已有的生活经验的基础上，强化对"表面"（包括正面、侧面、曲面等）的理解。

通过丰富的活动让学生在认真观察、动手感知、抽象到图形基础上全面认识"面"。通过"画"面很自然地将生活经验中的"面"抽象成丰富的封闭平面图形，巧妙避开面积概念中的"物体表面或封闭图形"的人为分割。

4. 用手掂出量感

学生的量感不是与生俱来的，需要在丰富、可感的数学活动中慢慢培养。对于物体质量，除了需要用秤称一称外，还特别需要学生用手实际掂一掂，通过肌肉的感觉，让学生建立质量量感，使抽象的感知逐步成为看得见、摸得着、说得出的直观体验，从而获得对"量"的真正理解和感悟。以"千克与克的认识"一课的教学为例。在引导学生通过掂、称、比等活动，初步建立1千克实际轻重的量感之后，继续开展如下的实验活动。

案例链接

千克的认识

【活动一】

估一估：几本数学书大约重1千克？

称一称：用秤称一称，验证之前估计的结果。

掂一掂：组内轮流掂一掂，感受1千克数学书的轻重。

【活动二】

估一估：根据4本数学书大约重1千克，估一估其他物品大约几个重1千克。

称一称：小组合作称出1千克自己选择的物品，把它们的数量记录下来。

掂一掂：再次感受1千克相关物品的轻重。

【活动三】

拎一拎、估一估：自己的书包大约重几千克？

称一称、比一比：验证自己之前估计的结果。

抱一抱、估一估：自己的同桌、同学大约有多重？

称一称、比一比：验证自己之前的估计结果，再抱一抱感受同桌、同学的体重。

学生在富有层次性的估、称、掂、比、验等活动中，对1千克单位量的实际感受就会变得越来越清晰，对物体质量的感觉也会越来越精准。纵观整个实验活动过程，教师除了强调直观体验，还特别关注以下两个方面：一是关注学生对活动感受的表达和转化。比如，说说拎1千克重的物品有什么感受，这一次的估计为什么会准一些，等等。二是关注学生的数学思考。在称之前先让学生大胆估一估，在验证之后再想一想、议一议。比如，当有学生认为"6个鸡蛋大约重1千克"后，教师引导全班同学联系前面"6个苹果大约重1千克"的经验展开辨析，促进活动经验的迁移，增强合情推理意识。

5. 用脚走出量感

走出教室，到户外参与实践活动，是学习量的一个非常有效的方式。"千米"是小学阶段学生学习的最大的长度单位。相对于其他长度单位，学生认识千米的困难要大一些，这是因为千米不像毫米、厘米、分米、米那样，可以在直尺上表示出来，被学生直观地感知，或者可以通过手势比画出来，千米甚至无法在视觉范围内有效地被感知。所以，对学生来说，在头脑中建构起1千米的长度观念是比较困难的。为了帮助学生感知1千米的实际长度，教师可以安排实地体验活动，具体如下：

（1）课内：借助100米感知1000米

要求学生沿100米长的跑道走一走，数一数走了多少步，看一看大约用了多长时间。照这样计算，走1千米大约要走多少步？要用多长时间？学生在100米的跑道上边走边数，用走的步数和时间量化100米的距离，形成对100米的量感体验。教师把全班同学收集到的数据进行集中整理，选用合适的数据作为代表（平均数、中位数、众数），可以帮助学生形成对1000米更为清晰的感知。（见图2-3）

图2-3　借助100米感知1000米

（2）课后：实地具身体验

要求学生根据推算出的结果，放学后实地走一走、算一算，看看从校门口到哪里大约长1000米。学生实地走走算算、亲身体验，实际效果要比单纯记忆强很多。至于从校门口出发的实地体验活动，可以让学生根据自己实测的数据展开推算，从而进一步丰富对1000米的量感体验。像这样，学生通过丰富的实地体验，对1000米的实际长度的感知逐步趋于精确，慢慢变得敏锐。"原来1000米比100米长很多！""1000米就是从学校门口到某某地方这么长！"通过实地体验活动，1000米的表象在学生头脑中逐渐变得清晰起来，并深深地印在他们的脑海里。（见图2-4）

图2-4　实地具身体验1000米

6. 用脑想出量感

在学生通过测量、眼看、手摸等初步形成量感后，可以再让学生闭上眼睛，在自己的头脑中想一想，这些量有多大，从而建立清晰的表象，形成深刻的量感。例如，设计"秒的认识"估测活动，具体如下：

> **案例链接**
>
> 秒的认识
>
> 【活动一】闭眼，5秒后睁眼。（可借助数数、打拍子、点头等估测5秒的时长）
>
> 学生观看秒针的转动，校正自己数秒的节奏；再次估计，觉得到了5秒就起立。学生经历多次估测，并相应调整节奏。
>
> 【活动二】请一位学生从教室一端走到另一端（大约10米），估计用了几秒。
>
> 学生交流分享估测的方法。

在不断比较、调整估测结果的过程中，学生对计量单位的认识更加深刻，形成了正确的时间表象。通过数数、打拍子、推算，体会到估测方法的多样性，学生还学会从距离、速度等不同的角度感知时间。类似这样的活动能让学生感受到估测的必要性，帮助学生找准量感的生长点，学会灵活应用量感进行估测，促使量感进一步发展，同时积累解决问题的经验。

7. 用心推出量感

有些数量是无法通过直接的接触形成量感的，如1吨，那么重，成人都无法直接用手拎起来，更何况是学生。这种情况下，就只能通过推理的形式来间接感知，从而形成量感。

> **案例链接**
>
> **吨的认识**
>
> **【活动一】拎一拎**
>
> 先尝试拎一拎10千克/包的大米，再尝试拎一拎25千克/包的大米，说一说感受。想一想需要几个人才能抬起25千克/包的大米，并试一试。
>
> **【活动二】看一看**
>
> 观看堆放40包大米（25千克/包）的动态过程，想象一下1吨有多重。
>
> **【活动三】算一算**
>
> 课件出示1千克蔬菜、20千克桶装水、100千克化肥等，分别算一算多少千克这样的物品是1吨。

"拎""看""算"三个层次的体验活动循序渐进，调动了学生多重感官的参与，在多个参照物的体验中进一步强化了对"吨"的感受，将体验与思维紧密结合起来。

三、估测实测，积累量感经验

课标中指出，估测有助于学生理解测量的特征和过程，并获得对度量单位大小的认识。学生估测能力的提高应该包括两个方面：一是估测的方法是否合理；二是估测的结果与实际是否接近。估测的基础是正确使用测量工具，掌握基本的测量方法。为了提高学生的估测能力，在课堂教学中需要教师积极组织学生开展各种形式的测量活动，尤其是要经常开展实物测量与估测的比照训练活动，使学生估测的结果与精确结果越来越接近，在不断的修正、尝试中逐步形成正确的表象，让学生在估测与实测对比体验活动中掌握测量的方法，积累测量的感性经验，提高解决实际生活中测量问题的能力，发展量感。

在"认识面积"教学中，教师设计了"估测与实测"的学习活动：先估一估1平方米的地面上，大约能站多少人。相对于1平方厘米和1平方分米，学生很难从身边熟悉的物体表面或图形中获得1平方米的直观感受。鉴于此，教师在教学中出示1平方米大小的地砖面，让学生现场观察，感受1平方米的大小。在学生充分观察的基础上，教师鼓励他们大胆估测，"在1平方米的地面上能站多少名同学？"因为缺少实际经验，学生估测的结果并不准确。于是，教师可现场组织学生到1平方米的地面上站一站，通过实践验证，得出1平方米地面上大约能站14名三年级学生。真实数据与估测数据的鲜明对比，丰富了学生对1平方米的感知，有助于他们形成对1平方米的量感。

四、纵横关联，形成量感系统

数学知识之间的相互联系，具有一定的结构性和系统性。当学生学习了一些计量单位后，教师要引领学生对所学的计量单位进行联系、对比，让学生从逻辑关系等方面对计量单位形成结构性、系统性的建构，拓展和锻炼学生的数学思维，提高学生的估测能力，促进学生的量感深度内化。例如，在教学"体积单位"时，教师引导学生作内部横向关联和纵向对比，促进量感深度内化。

案例链接

体积单位

师：（边说边课件演示）把1立方米、1立方分米、1立方厘米叠放在一起，有什么感觉？

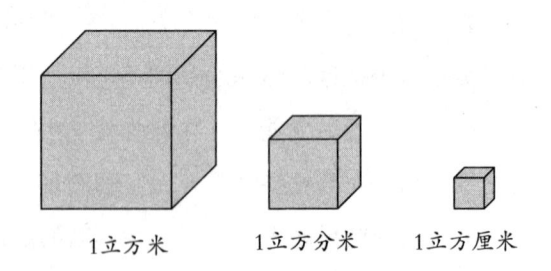

1立方米　　1立方分米　　1立方厘米

生$_1$：1立方厘米很小，1立方米好大。

生$_2$：1立方分米可以放下1000个1立方厘米，一排10个，有10排，共10层。

师：同学们想到了三个体积单位之间的关系。那么长度单位、面积单位、体积单位之间又有什么区别呢？

生：长度单位测量的是物体的长度，面积单位测量的是物体表面的大小，体积单位测量的是物体的体积。

师：想一想，在计量长度、面积、体积时有什么相同点？

生：计量长度是数一数有多少个相同的长度单位，计量面积是数一数有多少个相同的面积单位，而计量体积则是数一数有多少个相同的体积单位。

师：（小结）看来，计量就是量一量、数一数有多少个相同的计量单位。像这样把同类问题进行整理，然后通过类比进行研究，是数学学习常用的方法。

教师引导学生根据计量单位之间的内在联系，先对1立方厘米、1立方分米、1立方米进行直观比较，再运用演绎、归纳、类比、推理等方法横向对比三个体积单位，纵向思辨长度单位、面积单位、体积单位，把计量长度、面积、体积教学串联起来，既促使学生更加清晰地掌握了计量单位的大小，又促使学生对计量单位之间的关系有了更深入的认识，揭示了计量的本质。

多感官参与、多维度体验，是促进学生量感萌生、发展的重要途径。教师要聚焦教材、立足课堂，提供多元的学习素材，创设丰富的体验活动，让学生在动手操作、全身心体验数学活动中，由表及里地化抽象为直观，逐步建构对事物可测量属性的深度理解，直觉感知事物可测量属性的大小，换言之，使量感的培育以可视化的样态在小学数学课堂中自然生长。

第三章

符号互译，
让理解简易可见

符号意识主要是指能够感悟符号的数学功能。知道符号表达的现实意义，能够初步运用符号表示数量、关系和一般规律；知道用符号表达的运算规律和推理结论具有一般性；初步体会符号的使用是数学表达和数学思考的重要形式。符号意识是形成抽象能力和推理能力的经验基础。

——《义务教育数学课程标准（2022年版）》

现实生活是数学的源泉，各种各样的符号处处可见。大街、小巷、剧院、会场、家庭、学校、医院……只要是学生生活的地方，都能见到各式各样的符号。招牌上的"m"，表示麦当劳；某场所有标志"P"，表示停车场等等。从某种意义上说，我们生活在一个"符号化"的世界。

符号意识让儿童能够理解并运用符号表示数、数量关系和变化规律。通过认识符号、理解符号、运用符号，知道使用符号可以进行运算和推理，有助于学生使用符号进行数学表达和思考，让他们感受到数学符号的简洁美，让数学理解与思维可见、可解。

在教学中，教师可以充分激发符号意识，利用学生生活中潜藏的"符号意识"，为学生提供机会，让学生经历"从具体事物—学生个性化的符号表示—学会数学的表示"这一逐步符号化的过程。

一、问题解决，感悟符号价值

数学符号以其简洁美将复杂的数学语言加以浓缩，用来表示数学概念、数学定理、数学公式和数学表达式并解决问题。数学学习很大程度上依赖于对数学语言和数学符号的意义把握。因此，教师帮助学生感悟符号表征可以让数学表达更简洁、让数学思维更简化、让数学结论更一般化，明确符号表征的时机有理解概念时、表达规律时、解决问题时等，经历从通俗的自然语言到规范的统一语言的符号表征过程。

符号都是简洁的，简洁的符号便于识别，容易记忆。数学符号用简洁的语言表达出丰富的思想，也使得数学符号系统与日常的语言系统区别开来，体现出一种数学美。数学符号的简洁美主要表现在三个方面：其一，用符号表征研究对象。其二，用符号表述探究结果。其三，用符号刻画数学模型。

1. 用符号表征研究对象

以"搭配问题"教学为例，本内容主要是让学生通过动手操作、观察分析掌握寻找简单事件的组合数并用符号将其表示出来的方法，培养学生的观察、分析能力，养成有序、全面地思考问题的意识和习惯。让学生从众多表示组合的方法中体验数学方法的多样化和最优化。让学生体验到生活中处处有数学知

识，培养他们学数学、用数学的兴趣。（见图3-1）

例1：一共有多少种穿法？

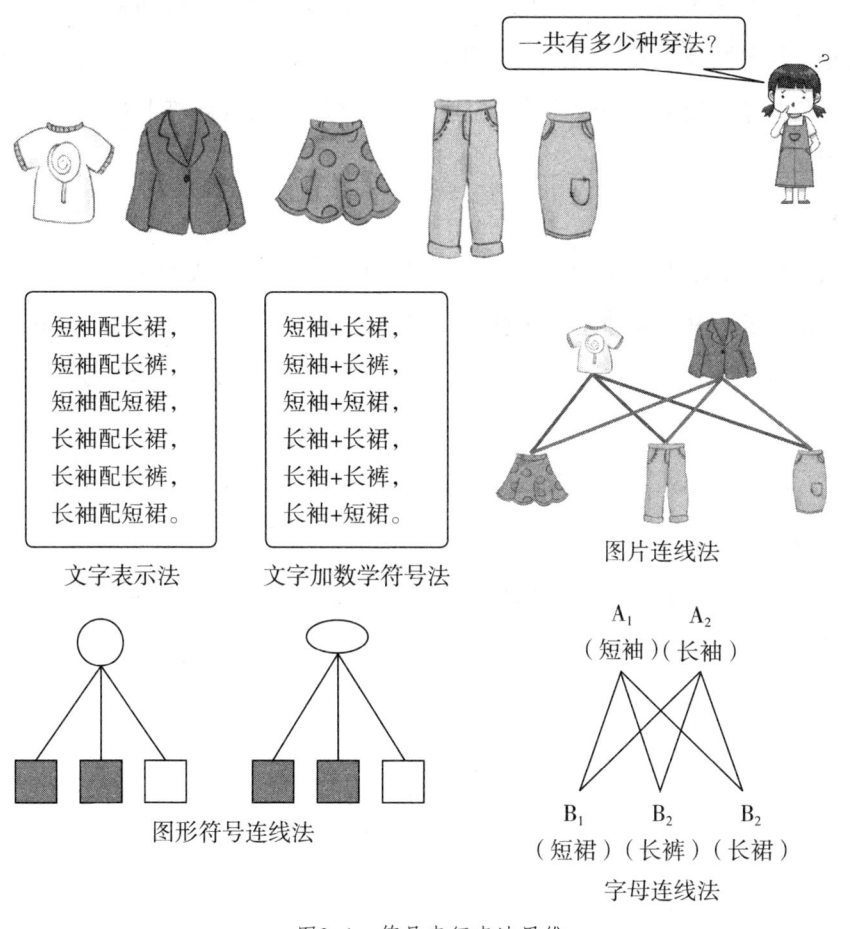

图3-1 符号表征表达思维

教师引导学生借助图片、文字、图形符号、数字、字母符号等进行思考，学生的思维由具体到抽象，在有序思考的基础上让学生体验个性化、简洁化的表示方法，符号意识得到了强化，真正体现了符号的使用是数学表达和进行数学思考的重要形式。连线方法的反复运用和展示让学生体会到该方法的便捷和实用，同时使学生再次深刻感受到"有序"思考问题的重要性。

2. 用符号表述探究结果

在教学"乘法分配律"时，教师要从学生已有的生活经验出发，让学生亲身经历将实际问题抽象成数学模型并解释与应用的过程，进而使学生加深对数学的理解。学生通过多元表征验证说明，能用语言准确表达乘法分配律：两个数的和与一个数相乘，可以先把它们与这个数分别相乘，再相加。此时，说明学生对乘法分配律的算理已经充分理解，教学中需要进一步引导学生抽象建构出乘法分配律的模型，为后续灵活应用乘法分配律解决问题打下基础。

例如，四年级有6个班，五年级有4个班，每个班领3个篮球，四、五年级一共要领多少个篮球？

教学中可以让学生以小组为单位，用自己喜欢的方法表示乘法分配律。学生用不同的方法表示乘法分配律：一是符号法，用□表示一个数，用○、△表示两个数，乘法分配律用符号表示为□×（○+△）=□×○+□×△；二是字母法，用 a、b 表示两个数，用 c 表示一个数，乘法分配律用字母等式表示为 $(a+b) \times c = a \times c + b \times c$。进而学生在对不同方法的对比分析中达成共识，认为用字母等式"$(a+b) \times c = a \times c + b \times c$"表示乘法分配律更合适，至此学生已经完整地经历了举例验证、抽象概括逐步完善建构乘法分配律模型，并能用统一的符号表述探究结果。

3. 用符号刻画数学模型

数学模型是一种常用的解决问题策略，更是一种重要的数学思想方法。方程是学生接触最早的用于解决问题的数学模型。在小学阶段，让学生初步接触方程、经历列方程解决实际问题的过程，不但能丰富他们解决问题的策略，提高他们解决问题的能力，而且可以使他们初步感悟用数学的形式表述现实生活中数量关系的方法，发展代数思维，提升数学素养。

列方程解决实际问题，要遵循解决问题的一般步骤，列方程求解时，由于未知量参与运算，解题时要根据题目中的等量关系先设未知数，再列方程求解。而解方程的过程实质就是未知量和已知量进行重新组合的过程，也是未知量向已知量转化的过程。通过具体问题的解决，有助于学生掌握方程建模的基本方法，感受方程思想的意义，真正实现由算术思维向代数思维的转变。从这个意义上说，学生学习方程、感悟方程思想，不仅要学会解方程，还要在用方程方法解决问题的过程中感受根据等量关系建立方程模型的过程，积累将现实

问题数学化的经验。（见图3-2）

想一想：小明原跳远纪录是多少米？

图3-2 列方程解决问题实际情境

在教学人教版"实际问题与方程"的例1时，教师相继提出以下四个问题：

① 从图中能得到哪些数学信息？

② 怎样理解"超过原纪录0.06米"？

③ 在这个情境中，有哪几个数量？

④ 要解决这个问题，需要抓住题目中的哪个条件？你是怎样想的？

在学生通过进行充分交流后，教师启发：超过原纪录0.06米，反映了原纪录、小明的成绩这两个量之间的关系。根据这个条件，你能找到数量之间的相等关系吗？先想一想，再和你的同桌交流。根据学生交流，板书以下内容：

小明的成绩-0.06=原纪录

小明的成绩-原纪录=0.06

原纪录+0.06=小明的成绩

分析条件和问题，是梳理数量关系的过程，通过"要解决这个问题，需要抓住题目中的哪个条件？你是怎样想的？"这一问题，引起学生的独立思考，并呈现三个数量关系式，特别是第二、第三这两个数量关系式中，未知量在等号的左边，能唤醒学生列方程解方程的意愿。这对学生感受算式思维与代数思维的不同是必要的，也是重要的。

列方程的本质是将具体问题中的等量关系形式化、符号化或数学化，即用数学符号把两件事情的关系表示出来，所以列方程的关键是找准等量关系。解方程的关键在于转化,即利用等式的基本性质将复杂的方程进行同解变形,直至得到方程的解,这也是用符号刻画数学模型的必经之路。

二、创建符号,促进问题理解

1. 多元表征,丰富符号语言

在小学阶段,学生的思维以形象思维为主,逐步向抽象思维过渡,因此,我们在促进学生符号意识的形成时,应该遵循"从具体事物—个性化的符号表示—学会数学的表示"的符号化表征过程。在创设问题情境时,应该与学生的生活经验和已有的知识经验相结合,所设问题要接近学生的最近发展区,这样,更能引起学生的共鸣,使学生积极投入地学习。

在认数的过程中,儿童的认识最初停留在表面的、具体形象的实物,如3只蝴蝶、3盆花、3只鸟等,随后他们能从这些事物中发现并抽取出它们的共同属性,用数字符号"3"来表示。(见图3-3)

图3-3 认数的抽象过程

2. 多向转换,加深符号理解

每一个数学符号都有它特定的含义,理解每个数学符号的具体含义是促进学生符号意识形成的基础,也是培养学生符号意识的基本目标之一。符号意识的培养包含两层意思:一是"理解"("懂"符号),二是"运用"("用"符号)。那么,"用"的前提是要"懂",只有感悟、理解符号表示的数、数量关系和变化规律的含义,才能做到正确运用。这就要求我们在教学中除了引导学生用多种方式表征数学对象外,还要引导学生在表征的基础上进行多种符号间的转换,让学生历经"通俗的自然语言""简洁的个体语言""规范的统一语言"的过程进行数学表达,根据学生的认知规律引导学生对这三种符号进行互译，有序经历用符号表征的过程，以加深对符号的理解。

在人教版小学四年级数学的"烙饼问题"教学中，教学重点不是通过一个数学公式或者模型来进行简单的解题，而是重在引导学生通过多种符号互译来培养学生体会和探索优化的过程，积累数学活动经验和思考经验，一次次利用实践经验让学生经历、感受优化的价值，凸显"综合""实践"两大特点。

（1）用自然语言通俗表达

教师需要创设情境，引导学生参与数学活动，在活动中帮助学生理解数学内容的本质，形成内部语言。以此为基础，教师驱动学生出声表达所建构的数学意义。该阶段的表达，学生主要借助自然语言（文字）进行，教师主要的关注点是学生是否形成了正确的理解。

学生自然语言的表达如下：

生$_1$：第一次先烙第一个饼和第二个饼的正面，第二次再烙它们的反面，第三次烙第三个饼的正面，第四次烙第三个饼的反面，一共烙了4次，用时12分钟。

生$_2$：第一次烙第一个饼和第二个饼的1面；第二次把第二个饼拿出来，把第三个饼放进去，烙第三个饼的1面和第一个饼的2面；第三次把熟了的第一个饼拿出来，把半熟的第二个饼和半熟的第三个饼放在一起，烙它们的另一面。

这个过程，学生虽然把烙饼方法描述到位，但介绍自己的想法时总是很难表达清楚，其他同学更是听不明白。应该让学生明白圈圈、画画、写写的重要性，而学生的符号意识的种子就在这个时候种下了。

（2）用个体语言简洁表达

在学生正确理解数学意义、能用自然语言表达的基础上，教师要激发其简洁表达的内需，驱动学生借助汉字、图形、字母等符号使自己的语言简化、自然。显然，该阶段学生会出现多样化的表达，是个体相对简洁的表示，其重要性不言而喻。正如史宁中教授指出的，应鼓励学生用自己独特的方式表示具体情境中的数量关系和变化规律，这是发展学生符号意识的决定性因素。

学生个体语言的表达如下：

生$_3$：我是用序号表达法来表述的，①号、②号、③号分别代表3张饼，用正、反面来区分每张饼的两面。第一次先烙①号饼和②号饼的正面，第二次

再烙它们的反面,第三次烙③号饼的正面,第四次烙③号饼的反面,一共烙了4次,用时12分钟。(见图3-4)

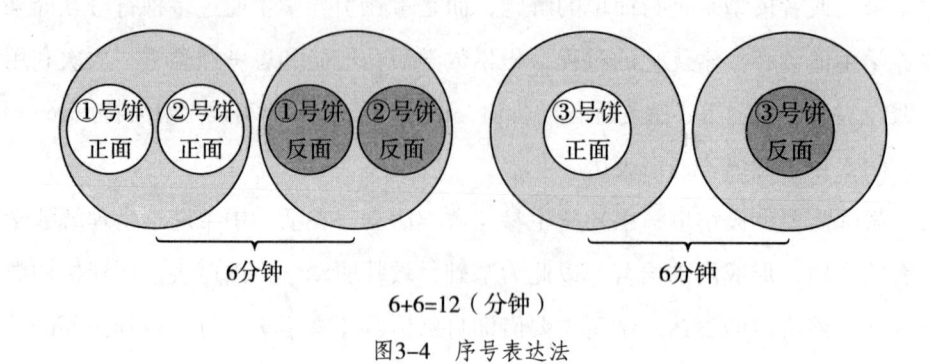

图3-4 序号表达法

生$_4$:我是用字母表达法来表述的,A,B,C分别代表3张饼,用数字1,2来区分每张饼的两个面。第一次烙A,B饼的1面;第二次把B饼拿出来,把C饼放进去,烙C饼的1面和A饼的2面;第三次把熟了的A饼拿出来,把半熟的B饼和半熟的C饼放在一起,烙它们的2面。(见图3-5)

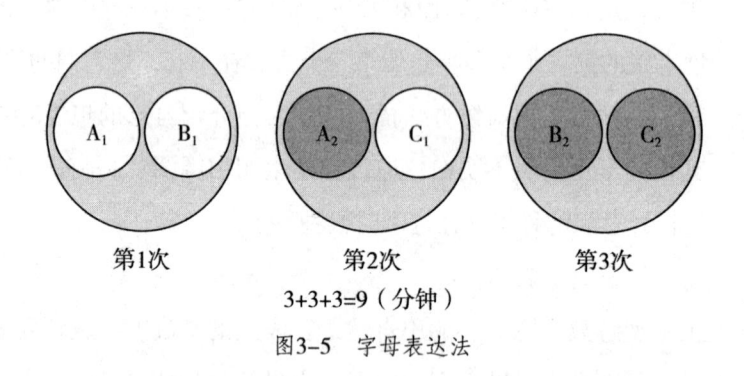

图3-5 字母表达法

在处理"学具饼"时,让学生自己想办法区别每张饼和两个面,其实就是在培养学生的"符号意识",在之前已经学过用字母表示数,所以,选择适当的契机加强学生的符号感显得尤为重要。

(3)用统一语言规范表达

教师要在个体多样化表达的基础上激发统一表达的内需,再引出规范的符号表达,帮助学生理解意义,该过程也可以看作数学表达从多样化到优化的发展。"烙饼问题"教学中,还体现了转化思想,让学生利用学过的2张、3张的烙法来解决后面出现的奇数张和偶数张,从而帮助学生总结出规律。

最省时间烙饼的策略:尽量使锅不空闲,同时烙和交替烙使锅不空闲,是最省时间的烙法。当饼的张数>3时,双数张饼的烙法:2张2张同时烙;单数张饼的烙法:先2张2张同时烙,剩下的3张交替烙。

这个过程实际是在培养学生的归纳推理能力,从个别性知识引出一般性知识的推理,无疑能增进学生归纳推理的意识,也为学生积累了基本的数学活动经验。

三、应用符号,明确数量关系

发展学生的符号意识离不开让学生经历符号的产生、运用、推广、建模的过程。知识只有运用于实践中才能发挥它真正的作用。因此,在教学活动中,教师应当积极引导学生主动运用数学符号进行运算、推理,经历符号化的过程,领悟数学符号的抽象性、简洁性、模型性,感受数学符号系统的统摄性、优越性。

例如,在"正比例"教学中,在学生初步认识数量和总价两个相关联的量之后,教材接着指出,当数量和总价的比的比值总是一定时,数量和总价成正比例关系,数量和总价是成正比例的量。这是教材首次引导学生感知正比例关系。这部分内容的教学还应当注意两点:

一是理解"比的比值总是一定"的意思,并使学生逐步适应这样的表述方式。"比的比值总是一定"是正比例关系的固有属性,概括了正比例关系的本质特征。

二是理解正比例关系是两种量之间的关系,成正比例的量一定是指两种变量。

文具店有一种彩带,销售的数量与总价的关系见表3-1。

表3-1 彩带销售的数量与总价的关系

数量/支	1	2	3	4	5	6	7	8	……
总价/元	3.5	7	10.5	14	17.5	21	24.5	28	……

案例链接

正比例

师：在这个表格里，还隐藏着第三种量，哪个同学能找到这个"隐身的量"？

生$_1$：我觉得这个"隐身的量"就是每米彩带的价格。

生$_2$：彩带的单价，就是隐身的量。

师：数量变化了，总价也随之变化了，单价变了吗？

生：彩带的单价是不变的。

师：你是怎样看出来的？

生：用表中每一组对应的总价除以数量，得数都是3.5。

师：确实如此，总价和相对数量的比，这样每一个比的比值都是——

生：（齐）3.5元/米。

师：如果要用一个式子来表示总价、数量、单价之间的关系，可以怎样表示？

生：$\dfrac{总价}{数量}$=单价。

师：老师觉得这个式子还不足以表示刚才我们讨论的内容——比如，从这个式子中看不出哪种量是变化的，哪种量是不变的。

引导学生逐步得出关系式：$\dfrac{总价}{数量}$=单价（一定）

师：从这个式子中，我们可以知道，无论总价和相对应的数量如何变化，总价和相对应数量的比的比值总是一定的，也就是单价总是一定的。总价和数量成正比例关系，总价和数量是成正比例的两个量。

师：两种量是不是成正比例关系，需要寻找哪些条件？

生$_1$：这两种量首先要看是不是两种相关联的量。

生$_2$：还要看两种量中对应数量的比的比值是不是一定。

师：如果用y和x表示两种相关联的量，用k表示它们的比值，你们觉得正比例关系可以用怎样的式子来表示？

学生回答后，板书：$\frac{y}{x}=k$（一定）

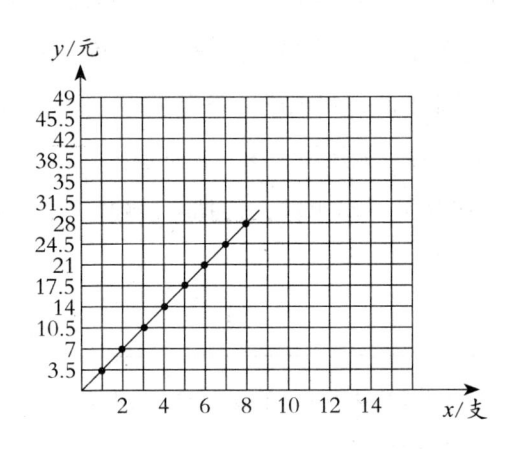

用y和x表示两种相关联的变量，用k表示它们的比值，正比例关系就可以用$\frac{y}{x}=k$（一定）来表示。这个字母表达式既是对两个变量之间关系的符号化表达，也是以后进一步学习正比例函数解析式y=kx（k为常数，且k≠0）的基础。用字母表达式表示正比例关系是教学的难点。我们在教学中充分展开从具体到一般，再由一般回到具体的认识过程：一是引导学生观察例题表格中时间和路程的变化过程，于"变化"中发现不变的"规律"（关系），揭示正比例的意义，并通过不同情境中两种量是否成正比例关系的辨析，丰富成正比例的量的外延，形成正比例关系的一般化表达（符号化）；二是要求学生在生活中找到更多成正比例的量，赋予抽象的字母表达式以具体内容，使得字母表达式具有模型意义。

四、符号表达，变化规律清晰

数学规律概括了一类问题中普遍存在的数的变化特点。掌握和运用数学规律，能减轻思维负担，提高解决问题的效率。数学规律具有概括性和普适性，往往需要借助符号表达才能清晰体现出这一特点。

规律是指事物在运动、变化过程中某些特征多次重复出现的现象。存在于周期现象中的事物具有排列的有序性、结构的稳定性、内容的重复性等鲜明特征。探索并把握周期规律，有利于人们根据已知预测未知，通过有限把握无限。例如，人教版第七单元"找规律解决问题"的例5，主要让学生通过观察情境，理解题意，并交流珠子的排列规律，确定从哪一侧开始继续串珠子。让他们经历解决问题的一般过程，能运用知识，丰富解决问题的策略。

例如，小红按规律穿了一串手链，但掉了2颗珠子，掉的是哪2颗？（见图3-6）

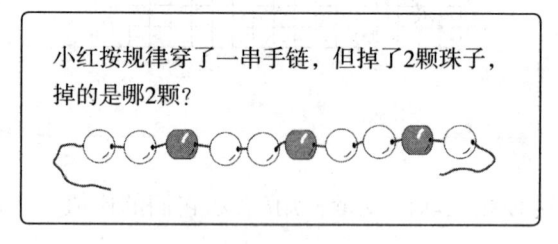

图3-6　找规律穿手链

案例链接

找规律解决问题

师：通过刚才的交流，我们已经知道黄珠子和蓝珠子的排列是有规律的。你能将它们的排列规律说得更具体一些吗？

教师提示学生选用合适的方式表示珠子的排列规律。

学生先独立思考，再小组交流。

生$_1$：我发现珠子是3颗为一组，每组按"黄珠子、黄珠子、蓝珠子"的规律排列，我写了这样的三组。

黄黄蓝　　黄黄蓝　　黄黄蓝

师：（课件动态呈现）是这样吗？用文字确实可以表示珠子的排列规律。

生₂：画图也能表示珠子的排列规律。我就是用黄、蓝两种水彩笔画出来的。

○○● ○○● ○○●

师：（课件动态呈现）是的，画图也能表示珠子的排列规律。还有补充吗？

生₃：我是用数字1，1，2表示的。

生₄：我是用字母A，A，B表示的。

……

师：那这串手链掉了哪2颗呢？

生₅：黄珠子1颗，蓝珠子1颗。

师：我们以画图的方法为例，从左边作为起点观察，可以发现珠子是按3颗一组，每组按"黄珠子、黄珠子、蓝珠子"的顺序排列的。如果右边作为起点观察，大家又会有怎样的发现呢？这串手链还是掉了黄珠子、蓝珠子各1颗吗？请大家研究一下。

周期现象对于学生来说，既熟悉又陌生。以珠子为例，可以帮助学生形成事物按一定规律摆放的简单认知。

学生用文字、图形、数字和字母等多种方式表征规律。首先引导学生从左边作为起点观察，重在引导发现"3颗珠子一组"和每组按"黄珠子、黄珠子、蓝珠子"的顺序排列的特征，让学生经历个性表达到共性建构的过程。然后，改变观察起点，从右边作为起点观察，排列规律从"黄珠子、黄珠子、蓝珠子"变为"黄珠子、蓝珠子、黄珠子"。学生通过自主观察学习，发现这串手链掉了2颗珠子即黄珠子1颗，蓝珠子1颗。从不同起点进行观察，得出的结果一致，这也是在解决问题中验证规律的一种方法。

浸润、渗透符号化思想是一个"润物细无声"的过程，这个过程需要教师在教学中有意识地创造各种机会，让学生经历符号表征、转换、运算和推理的过程；让学生感受符号表达和符号思考的优越性，爱上数学符号，形成自觉运用符号进行表达和思考的意识。

第四章

算理算法，
让运算思维可见

　　运算能力主要是指根据法则和运算律进行正确运算的能力。能够明晰运算的对象和意义，理解算法与算理之间的关系；能够理解运算的问题，选择合理简洁的运算策略解决问题；能够通过运算促进数学推理能力的发展。运算能力有助于形成规范化思考问题的习惯，养成一丝不苟、严谨求实的科学态度。

——《义务教育数学课程标准（2022年版）》

每次到了数学考试测验，老师总会在黑板上写上大大的"认真计算，不要粗心"，提醒学生把计算重视起来，但结果还是事与愿违。其实，学生升入四年级以后，作业和练习的计算量比一、二、三年级的计算量大得多，稍有不慎，一小步错了，一道计算题就错了，真是一个"小小的失误"，带来的是"全盘皆输"的局面。学生总在吐槽："一道除法计算竟然有这么多步骤，一步也不能错耶！""列综合算式，我还真不习惯，真的很麻烦！"

这些"怨言"就是学生学习计算最真实的想法，反映出学生在学习过程中的困惑与疑问，同时是学生抛给教师的一个"求救信号"。虽然老师也尽力施教，但计算错误率依旧居高不下。终究原因，主要是以下三个方面出现了问题：其一，从认知结构来看，学生的概念不清引起张冠李戴；计算思维定式引起负向迁移；算理算法不清晰。其二，从思维品质来看，学生数感不强以致简算意识薄弱；思维深度不够以致无从下手，思维灵活性不够。其三，从行为习惯来看，学生视觉迁移导致错觉；运算习惯导致失误；学习态度导致失分。

运算是义务教育阶段学生在数学学习中接触最多的内容。小学数学课程内容主要是数、量、形三个方面，而量和形的学习也都不能离开计算。作为数学课程的一条主线，它不仅贯穿于"数与代数"的所有重要知识点，也和"图形与几何""统计与概率""综合与实践"的内容交融在一起。学生在运算学习中不仅能掌握基本的运算知识和技能，而且这些知识和技能也是分析和解决问题的基础。同时，运算知识的学习也能发展学生的数感，培养学生的推理能力，增强学生思维的灵活性。

学生运算能力的形成主要表现在三个方面：一是学生能保证运算的正确。要正确理解相关的概念、法则、公式等数学知识，明确意识到实施运算的依据。二是学生能明白算理。要理解算理、掌握算法，对运算形成贯通式的理解。三是学生能把握运算的合理性。要能通过多样化的表征去理解问题和思考问题，能够寻求合理、简洁的运算途径解决问题。其中，"正确运算"包括运算结果的正确性、运算程序的规范性、运算速度的标准性；"理解算理"包括算理表述的正确性、算理表征的层次性、算理迁移的通用性；"方法合理"包

括运算方法的多样性、运算过程的简洁性、运算方法的创新性。（见图4-1）

```
运算能力
├── 正确运算
│   ├── 运算结果的正确性
│   ├── 运算程序的规范性
│   └── 运算速度的标准性
├── 理解算理
│   ├── 算理表述的正确性
│   ├── 算理表征的层次性
│   └── 算理迁移的通用性
└── 方法合理
    ├── 运算方法的多样性
    ├── 运算过程的简洁性
    └── 运算方法的创新性
```

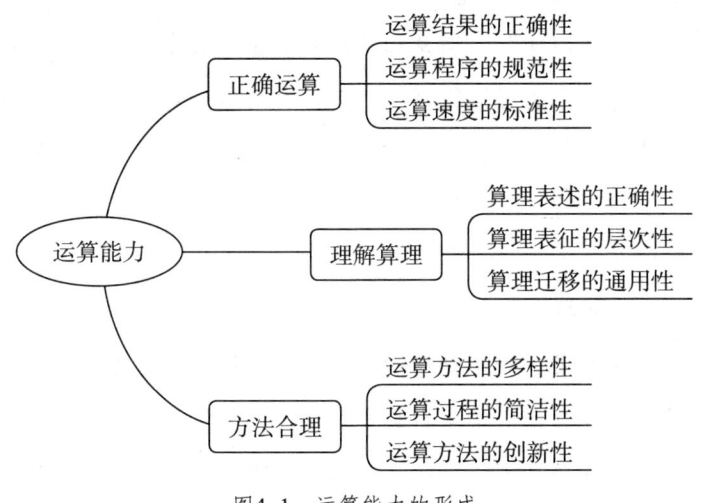

图4-1 运算能力的形成

运算能力并不是一种单一、孤立的数学能力，而是运算技能与逻辑思维等能力的有机结合。因此，我们在引导学生通过运算分析和解决问题的过程中，要力求做到善于分析运算条件、探究运算方向、选择运算方法、设计运算程序，使运算符合算理，过程合理简便。所以正确、灵活、合理和简洁是培养学生运算能力的必达指标。其中，正确是运算的基本要求，灵活是运算方法的多样性，合理是运算得以进行的条件，简洁是运算的质量刻画。上述要求表明，运算不等同于计算，它需要正确理解相关知识，辨识分清运算条件，合理选择运算方法，有效设计运算步骤，还要使运算符合算律、算理，最终尽可能简洁地获得运算结果。它是"算"与"思"的结合、操作与思辨的融合。

一、理解理法，提升思维品质

理解算理、掌握算法是形成运算能力的两翼。它们的本质是不仅要知道该怎样计算，而且还要明白为什么这样计算，即要在理解算理的基础上掌握算法。因此，笔算的熟练程度既需要在概念性理解和计算技能之间建立联系，又必须努力使两者达到平衡。脱离算理仅依赖机械记忆法（通过强化练习）获得的计算方法往往会出现结构性的错误，同样，理解算理但没有形成计算技能又会影响问题解决的过程。

在适度的训练、逐步熟悉的基础上，对运算的基础知识不仅应"知其然"，更应"知其所以然"，清楚地意识到实施运算中的算理。也就是说，让学生知道"怎样算""怎样算得好""为什么要这样算"。这才是运算的原理或道理，是解决问题的操作程序，是由法则到算理的思考，是由操作层面到思维层面的提升。学生只有理解了计算中的原理，才能够理解和掌握计算的方法，才能正确地、迅速地进行运算。

1. 情境浸入，支撑理与法

学生的数学学习是一种主动建构的过程。这种建构过程总是与一定的社会文化背景（情境）相联系，学生有必要在情境中激活已有的知识经验和认知策略，以便同化和顺应新知识。情境，在数学教学中通常是指蕴含在数学内容中的实际场景。情境具有两个基本属性：一是现实性，情境应是学生熟悉的、可接受的、感兴趣的实际场景；二是"数学味"，情境应蕴含数学概念、命题、性质、方法，主要以数学问题的方式加以表达。在运算教学中，好的情境不仅能引出一个需要解决的问题，还可以加深学生对算理的感悟。

小学阶段的学生思维都需要具体事物的支撑，生活情境是思维支撑的一大帮手。生活情境符合学生的认知特点：一是有利于唤醒学生已经拥有未经训练的策略解决问题，二是给抽象的算法予以直观感性的生活情境的支撑，从而有效地促进"理"与"法"的链接。

计算教学始终要以问题解决为目的，经历"从现实情境中提出问题—探索计算方法—解决实际问题"的过程。因此运算能力的培养，不仅要处理好"理解算理""掌握算法"，更需要结合"现实情境"，培养学生判断与选择的意识和灵活敏捷的思维品质，提升运算能力。在情境中，容易正确激发学生的兴趣，激活学生的生活经验，为算理的理解提供支撑，同时能让学生感知新知的应用价值，增强应用意识。

例如，人教版"乘法的初步认识"的情境图，为了让学生理解乘法的意义，教材提供了大量同数连加的现实情境，如坐小飞机、小火车和过山车的同学，每束个数相同的气球，每串数量相同的钥匙以及每份数量相同的胡萝卜、香蕉，等等，使学生产生丰富而生动的直观表象，同时通过与情境中非同数相加情况的对照，使学生对乘法现实模型形成认识。在例1及相应的练习中，教材多次将同数连加的算式或实物图与"几个几"对照编排，相互转换，使学生能将具体的同数连加的算式、情境用更抽象、更概括的"几个几"的方式进行表达，一方面架构起加法算式与乘法算式之间的桥梁，便于学生将同数连加的算式改写成乘法算式，另一方面更加突出乘法的意义，使学生更加明确乘法的意义。

2. 动手操作，理解理与法

小学生正处于由具体形象思维向抽象思维的过渡阶段，学生的抽象思维弱于形象思维，对算理的理解有一定的困难。在数的运算教学中，教师要为学生创造动手操作的机会，让他们经历从动作表征到语义表征，再到符号表征的学习过程。

三种表征存在一种严格的递进关系，从动作表征开始，学生借助学具方格图、小棒、点子图、数线等，用摆一摆、拨一拨、画一画、指一指等动作对知识进行表征。动作表征切合学生的年龄特点，也与他们已有的活动经验比较接近。通过适当的操作活动，有效启发学生自己动手，在其头脑中形成表象，让学生在动手操作中亲身经历"实物—算理—抽象—算法"的整个完整的抽象过程，从而感悟算理、掌握算法。当学生通过操作对算理有一定的认知后，便可自己表述计算方法、方法依据，推导判断的理由，分享诀窍等。这里的分析、推理过程，能将学生由单纯的计算引向更为深入的思考，有利于展示其思维过程，锻炼语言表达能力，促进思维的碰撞。这就是我们通常所说的语义表征。此外，就是符号表征，即学生通过横式、竖式书写以及结果的表示等，包括写一写、圈一圈，用分解式表示分的过程等。这个过程有利于培养学生的抽象和概括能力。

这三种表征代表着思维活动的不同程度，能够引导学生从具体逐步走向抽象的学习过程。但事实上，这些表征之间并不是一个简单、单向的过程，学生的学习除了要经历从具体到抽象的过程外，还要经历由抽象到具体的过程，它们之间的联系是多向的、复杂的。对于算理与算法的理解，学生往往可能通过多元的形式来表现或记载。不同的表达形式是学生凭借已有经验对信息作用的反应与判断，并作出不同的解释。从学习者的经验层面分析，这是不同经验水平对同一概念表述的必然结果，从所要表征的问题及概念的层面分析，这是同一概念在不同角度、不同层次、不同侧面的呈现。不同经验水平的学习者参与同一问题或概念的学习，其学习目的与归宿是一致的，或者说所建构的概念本质是相同的。我们可以认为，每一种表征形式都是基于信息本质的基础，经过信息系统加工处理生成，并使信息及其相关联的表征组合在一起形成一个表征系统。（见图4-2）

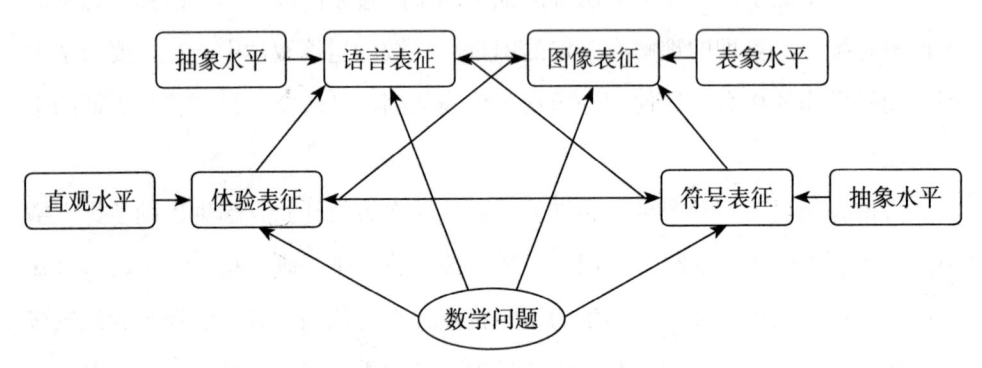

图4-2 以问题为导向的多元表征系统

利用多元表征突破帮助学生实现了"实物操作—图像操作—符号操作"的三次转化与提升，帮助他们加深对概念的理解。多种表征形式形异理同，不但具有关联性，而且具有层次性。从认知阶段论的角度看，这与学生认识事物的"直观水平、表象水平、抽象水平"认知阶段是相对应的。从遵循学生认识事物规律的角度分析，多元表征的层次性应与学生的认知水平阶段性相吻合。教学应根据表征材料的特点，由表及里、由低级到高级、由部分到整体呈现表征形式与材料，遵循学生的认知规律，有序地组织学生对所要学习的概念和问题进行意义建构。

案例链接

两位数加一位数（进位加法）

师：我们先来算28+5，得数是多少呢？让我们先用小棒来摆一摆，怎样摆小棒呢？

师：看着小棒想一想，你想怎样算，先算什么，再算什么？把你的想法和同桌说一说。

（1）方法一：凑十法

生₁：我先把5分成2和3，28加上2等于30，30再加上3等于33。

师：如果将这个办法用小棒摆出来，先把哪两部分合在一起？

生₁：把28根小棒与2根小棒合起来。

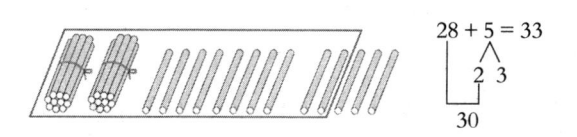

$$28 + 5 = 33$$
$$\underset{30}{2\ \ 3}$$

（2）方法二：进位法

生₂：我把8根和5根圈起来。

师：这样圈表示先算什么，再算什么？

生₂：先算5加8等于13，再算20加13等于33。

师：听起来有些复杂，谁来复述一下刚才这位同学说的意思。

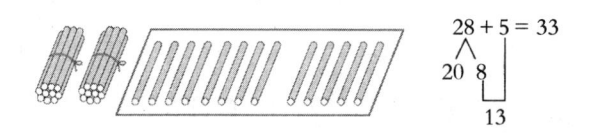

$$28 + 5 = 33$$
$$\underset{13}{20\ \ 8}$$

61

实际问题引入—列式并探索算法—整理并呈现算法—交流并理解算法，由具体到抽象地使学生掌握算法，并逐渐培养其算法多样化思想。在课堂反馈的过程中，教师不仅反馈了学生不同的思考方法，而且非常重视群体学生对发言学生方法的理解。在学生汇报了一种方法后，教师都会要求其他学生来复述这种方法，借助小棒更好地理解这种方法。这反映了教师对于算理教学意义的认识，理解算理不只是为了获得合理的计算方法与正确的计算结果，更是为了发展学生的思维能力。学生可以只学会一种方法，但要养成多种角度思考问题的习惯。语言表述、直观图示以及数的分解，都是将内在思维外显化，实现"你一种方法，我一种方法，交换后我们拥有了两种方法"的目的，使学生越学越聪明。

通过动手操作，借助数的直观模型演示每一"招"、每一"数"，强化学生思维中的"数位表象"，使学生更加直观地理解"相同数位对齐"的原理。这是算法"生长"的基础，也是学生进行语义表征和符号操作的重要依据。学生用口算过程分解图或用竖式记录上述操作的过程与结果，就是将操作过程图式化（符号化）。竖式中的每一部分都和相应的小棒图对应，"理""法"相融，有助于学生更加清晰地感受到两者之间的联系。而将直观的学具操作转化成抽象的表象操作，在头脑中重现分一分、摆一摆的过程，并用数学语言表达出来，就是内在思维外显化的过程。三种表征方式相互融通，一一对应，本质上是一致的。这样的教学，既重算法，又重算理，沟通了抽象的数学符号与形象的操作活动的内在联系，有效地促进了学生认知结构的优化，既符合学生的认知规律，又有利于他们积累有效的数学活动经验。

3. 概括法则，算理抽象化

数学运算中的法则是从具体实例中抽象、概括出来的，为正确、合理、简洁的运算提供了具体的操作程序和方法。这一从个别到一般的过程，是一个心智活动的过程，也是培养学生抽象概括能力的重要契机。教师在教学时要给学生提供归纳、类比、猜测、验算的时机，注重学生参与算法的分析、综合、抽象、概括过程，培养其抽象、概括的能力。教师在引导学生进行抽象概括的过程中，要视具体情况合理确定时机，及时抽象、概括。有的法则与之前学习的法则联系紧密，新增的知识点不多，可以让学生自己去抽象、概括；有的法则比较复杂，需要教师引导学生回顾、反思探索算理和形成算法的过程，在强化感知的基础上建立比较清晰的表象后再进行抽象概括。

例如，两位数乘两位数的计算法则，其构成要素有三个方面：乘的顺序、部分积的写法与部分积相加。在概括法则前，教师应引导学生边看竖式的计算过程（如14×12等）边思考两个问题："竖式的每一步算的是什么？每一步的得数是怎样写的？"这样，让学生参与多个计算实例中算法的形成过程，由个别到一般地进行抽象、概括，形成计算法则。（见图4-3）

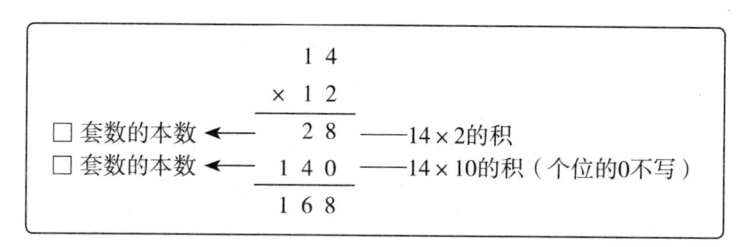

```
            1 4
         ×  1 2
□ 套数的本数 ← 2 8  ——14×2的积
□ 套数的本数 ← 1 4 0  ——14×10的积（个位的0不写）
            1 6 8
```

图4-3 "14×12"的算理与算法

小学阶段运算法则见表4-1。

表4-1 小学阶段运算法则

名称	运算法则
整数加法	相同数位对齐，从低位加起，哪一位上的数相加满十，就向前一位进一
整数减法	相同数位对齐，从低位减起，哪一位上的数不够减，就从它的前一位退一作十，和本位上的数合并在一起再减
整数乘法	先用一个因数每一位上的数分别去乘另一个因数每一位上的数，用因数哪一位上的数去乘，乘得的数的末尾就对齐哪一位，然后把各次乘得的数加起来
整数除法	先从被除数的高位除起，除数是几位数，就看被除数的前几位；如果不够除，就多看一位，除到被除数的哪一位，商就写在哪一位的上面。如果哪一位上不够商1，要补"0"占位。每次除得的余数要小于除数
小数乘法	先按照整数乘法的计算法则算出乘积，再看因数中共有几位小数，就从积的右边起数出几位，点上小数点；如果位数不够，就用"0"补足
除数是整数的小数除法	先按照整数除法的法则去除，商的小数点要和被除数的小数点对齐；如果除到被除数的末尾仍有余数，就在余数后面添"0"，再继续除
除数是小数的除法	先移动除数的小数点，使它变成整数，被除数的小数点也向右移动几位（位数不够的补"0"），然后按照除数是整数的除法法则进行除法运算

续表

名称	运算法则
同分母分数加减法	同分母分数相加减，只把分子相加减，分母不变
异分母分数加减法	先通分，然后按照同分母分数加减法的法则进行计算
带分数加减法	整数部分和分数部分分别相加减，再把所得的数合并起来
分数乘法	分数乘整数，用分数的分子和整数相乘的积作分子，分母不变；分数乘分数，用分子相乘的积作分子，分母相乘的积作分母
分数除法	甲数除以乙数（0除外），等于甲数乘乙数的倒数

小学阶段的运算定律或性质见表4-2。

表4-2 小学阶段的运算定律或性质

名称	性质	字母公式
加法交换律	两个数相加，交换加数的位置，它们的和不变	a+b=b+a
加法结合律	三个数相加，先把前两个数相加，再加上第三个数，或者先把后两个数相加，再和第一个数相加，它们的和不变	(a+b)+c=a+(b+c)
乘法交换律	两个数相乘，交换因数的位置，它们的积不变	a×b=b×a
乘法结合律	三个数相乘，交换因数的位置，它们的积不变	(a×b)×c=a×(b×c)
乘法分配律	两个数的和与一个数相乘，可以把两个加数分别与这个数相乘，再把两个积相加	(a+b)×c=a×c+b×c
减法的性质	从一个数里连续减去几个数，可以从这个数里减去所有减数的和，差不变	a-b-c=a-(b+c)

4. 纵横关联，算理结构化

数的运算主要是让学生体会四则运算的意义及四则运算之间的关系，掌握获得运算结果的方法，即精算、估算，理解运算律及运算性质，运用运算解决问题。在这些知识的教学过程中，必须充分认识这些知识存在的价值，厘清它们之间相互依存的内在联系，把看似一个个独立存在的知识点串成一条线、织成一片网，从而引导学生通过深化数学理解促进运算能力的提升。

学生对"理"的建构过程正是将新的概念与已有的知识和经验建立联系的过程，新知与旧知存在较强关联的计算教学内容，教学时要善于把握新旧知识之间的联系。如果缺少关联地讲"理"的数学教学，新知与原有的认知结构很难建立有效的联结，新知也很难在解决综合问题时被有效地调用。因为从认知的角度看，数学学习过程是数学认知结构不断建构（或组织与重新组织）的过程。因此，教师应注意引导学生把握一类运算的知识结构，认识运算过程中的难点，这样才能够主动监控易错点，逐步提升运算水平。在运用新的方法计算的过程中，还要让学生调用原有的计算经验进行计算，并且超越原有的计算经验，把原有的计算方法统摄到相应的数学思想下，形成对原有方法新的认识。

小学数学运算知识结构见表4-3。

表4-3　小学数学运算知识结构

年级	内容		
一上	1~5的认识和加减法	1~6的认识和加减法	20以内的进位加法
一下	20以内的退位减法	100以内数的认识	100以内的加法和减法（一）
二上	100以内的加法和减法（二）	表内乘法（一）	表内乘法（二）
二下	表内除法（一）（二）	混合运算、有余数的除法	万以内数的认识
三上	万以内的加法与减法（一）（二）	多位数乘一位数	分数的初步认识
三下	除数是一位数的除法	两位数乘两位数	小数的初步认识
四上	大数的认识	三位数乘两位数	除数是两位数的除法
四下	四则运算	运算定律	小数的加法和减法
五上	小数乘法	小数除法	简易方程
五下	分数的意义和性质	分数的加法和减法	—
六上	分数乘法	分数除法	百分数（一）
六下	负数	百分数（二）	比例

从知识内容来看，随着学生年龄的增长及认知水平的提高，运算的数据逐渐变大，运算的要求越来越多，运算的程序也变得逐渐复杂，同时运用运算解决问题的复杂程度也在不断增加。

从认知范围来看，由10以内数的加减过渡到20以内数的加减，从不进位加和不退位减过渡到进位加和退位减，再过渡到连续进位加和连续退位减的运算；从整数运算过渡到分数运算再到小数运算；从正数过渡到负数，等等。

从认知结构来看，从加法到减法，从加法到乘法，从减法到除法，从乘法到除法。

从认知领域上看，有运算方法的探索及算理的理解、运算法则的形成与内化、运算法则的熟练运用、运算工具的变化等。

从这些显性知识的多维度分析中，可以明显感受到这些知识之间存在着紧密联系，它们是一个不可分割的整体。因此，在教学中要充分关注知识之间的内在联系，引导学生通过深化数学理解构建完整的知识体系，促进其运算能力提升，从而达到促进数学学习效率提升的效果。

二、提炼算法，运算合理简洁

计算能力包含着对算法的构造、设计、选择。算理、算法互为支撑，让学生经历算法的"创造"过程，既是强化其对算理的理解，也有助于学生理解及掌握算法，提高计算技能，是学生运算能力提升的重要保证。算法是依据算理提炼出来的运算方法和规则，它是算理的具体体现，是解决问题的操作程序。算法使复杂的思维过程简化，添加了规定程序化的步骤，使运算更简便、准确。算法主要解决怎么运算的问题，让运算更准确、方便。有关运算的教学中，有的教师重视算理的多角度探究，而忽略了对算法的提炼和概括，使算理不能上升为学生的运算能力。因此，在重视理解算理的基础上，又要重视算法的教学，因为算法也是运算能力的一项重要内容，要让学生经历探究算法、提炼算法的过程，掌握算法，并能运用算法正确地进行运算，在解决问题的过程中正确、快速、合理、简洁地运算。

小学阶段，"数的运算"内容的编排特点是以整数、小数和分数的四则运算为主，根据学生的年龄特征与思维特点逐层上升。因此，一般学习新的运算问题都可以通过转化的方法而找到解决问题的路径。只有关注数学转化思想的渗透，学生在学习计算知识时，才会提升"明理"与"懂法"的学习品质。

数的运算编排及算理算法见表4-4。

第四章 算理算法，让运算思维可见

表4-4 数的运算编排及算理算法

数域	运算	知识序列	算理	算法
整数	加减法	10以内的加减法	初步理解加、减法的意义和10以内数的组成；初步体会加、减法的互逆关系	数的组成 想加算减
		20以内的加减法	从算法角度，初步应用十进位值体会凑十（破十）的便捷与合理；进一步体会加、减法的互逆关系	凑十法 破十法 想加算减
		100以内的加减法	初步利用数的组成和十进位值，直观理解个位数只能与个位数相加、减，十位数只能与十位数相加、减	个位对齐，从个位算起，满十进一（退一作十）
		多位数的加减法	进一步利用数的组成和十进位值，理解相同数位上的数才能相加、减	
	乘除法	表内乘除法	初步运用乘法的含义编制口诀；运用除法的含义体会乘、除法的互逆关系	乘法口诀
		乘数（除数）是一位数	根据数的组成和位值概念，直观体验"分解与组合"操作程序的合理性	从个位（最高位）起，用一位数依次乘（除）另一个乘数（被除数）的每一位
		乘数（除数）是两位数	再次运用数的组成和位值概念，深刻体会"分解与组合"操作程序的合理性	先依次算出两个部分的积，再相加；先用除数去除被除数的前两位：除到哪一位，商就写在哪一位上面
小数	加减法	小数加减法	充分利用小数的组成和十进位值，深入理解相同数位上的数才能相加、减	小数点对齐
	乘除法	小数乘除法	利用十进位值和积（商）的变化规律，确定积（商）中小数点的位置	先按整数乘（除）法计算，再在积（商）中点上小数点
分数	加减法	同分母分数加减法	根据分数的意义和组成，体会同分母分数加、减的本质就是相同分数单位个数的相加、减	分母不变，分子相加、减

67

续 表

数域	运算	知识序列	算理	算法
分数	加减法	异分母分数加减法	进一步运用分数的意义和组成，深入体会相同分数单位的数才能直接相加、减，并与整数和小数的加、减法勾连，建构加、减法运算的基本原理——只有相同计数单位的数才能直接相加、减，实现知识的"互联"	先通分
	乘除法	分数乘除法	根据分数的意义和分数乘（除）法的意义，理解积（商）中分数单位和分数单位个数的意思	分子相乘，分母相乘，颠倒相乘

综上所述，无论是整数、小数，还是分数，在进行加、减法运算时，需要统一计数单位，从统一后的计数单位到结果的计数单位保持不变，运算的本质就是相同计数单位个数的相加与相减；在乘、除法运算时，无须考虑计数单位是否相同，运算的本质是从计数单位和计数单位个数两个层面同时进行相乘与相除，才能获得最终的积或商。

例：每套书有14本，王老师买了12套。一共买了多少本？（见图4-4）

图4-4 "一共买了多少本书"

从教学研究可知，要让学生自然地理解、掌握计算方法，首先需要教师设计贴合学生思维的多样化探究活动，从已有经验与方法出发，逐步向具体算法进行迁移与转化，并在过程中不断优化认识，丰富理解。在教学中，学生借助思维工具（点子图、问题情境），凭借原有经验迁移、转化脑海中想到算法，并通过直观化手段引导思维，展开分析、综合、比较、抽象和推理等，使自己能够根据乘法的意义、具体情境理解算理，支持算法形成，这样不但使算法有根据，还发展了自己的思维能力。（见图4-5）

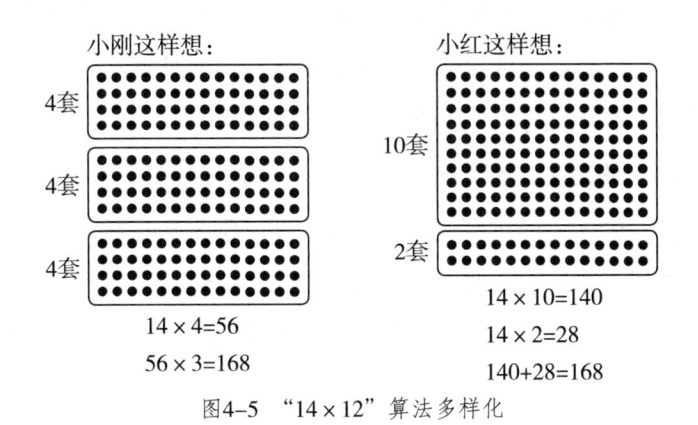

小刚这样想：

4套
4套
4套

14×4=56
56×3=168

小红这样想：

10套
2套

14×10=140
14×2=28
140+28=168

图4-5 "14×12"算法多样化

此外，要聚焦核心关键，注重引导算法创造，如本课中"如何对位书写"的问题就是核心关键，教师要聚焦相似性，帮助学生对算法进行主体性构造分析，给予学生研究、交流的平台，在"讲道理"中实现特殊向一般的转化。同时，还需要设计沟通比较环节，以提升学生对算法的归纳。教学中教师需要以例题指导为基础，开展指向算理理解与算法建构的梯度练习，并通过多个例子的分析比较后，再进行算法归纳，使"算法"落地。

小组讨论：乘法是两位数的乘法怎样计算？（见图4-6）

先用一个乘数个位上的数去乘另一个乘数。

得数的末位与乘数的个位对齐。

再用这个乘数十位上的数……

图4-6 两位数乘两位数（不进位）的算法

三、估算精算，运算灵活多样

估算、口算和笔算都是运算能力的重要组成部分。估算是根据有关知识对事物的数量关系或算式结果作出大概的判断和估计。估算教学中要注意培养学生的估算意识，提高学生的估算能力，增强学生的数感。数学课程要求学生能结合具体情境，选择适当的单位进行简单估算，体会估算在生活中的作用。在解决问题的过程中，能选择合适的方法进行估算。

估算实际上就是无须获得精确结果的口算，是个体依据条件和有关知识对事物的数量或运算结果作出的一种大致判断。学生估算意识和估算能力的强弱，直接关系到其运算能力的强弱，甚至影响到学生的数学能力。估算并不是在教材中要求我们估算时才用到，即使在需要精确结果的计算中，估算也会起到一定的监控、检验作用。

发展学生的估算能力具体包括以下三方面要求：一是估算的内容涉及整数、小数、分数的四则运算。因此，估算能力的培养应结合这些数的运算进行。二是结合具体情境进行估算，并解释估算的过程。结合具体情境进行估算，一方面学生应养成估算意识，当面对需要估算的具体情境时，能主动用估算的方法计算；另一方面，要根据具体情境选择合适的估算方法，并对估算的过程及合理性作出解释。三是在解决问题的过程中，根据问题解决的需要选择合适的方法进行估算，培养学生的估算意识和估算能力。值得注意的是，在计算过程中，首先我们应根据题目的特点作出判断，再根据需要将估算、口算、笔算有机结合，才能保证计算得正确、迅速，从而全面提高学生的运算能力。

该内容是人教版数学二年级下册第七单元例13"用估算解决问题"的内容，这也是小学估算教学的起点。把估算起始课安排在这里，主要有以下几个方面的考虑：一是学生在这之前学习了近似数，有了进行估算的知识基础；二是学生现在接触的数都比较大，现实中有估算的必要；三是学生还未学过万以内数的计算，不会出现先精确计算再为估算而估算；四是将估算与实际生活紧密结合起来，将估算作为解决问题的一种策略，体现其现实意义。

教材创设了"用500元买两件商品够不够"的问题情境，呈现了解决问题的全过程。其中"怎样解答？"环节以两个学生的对话形式呈现了两种策略：一种是列式后不会精确计算；一种是直接用估算解决问题。后者是教学的重点，教学时重在让学生理解应根据实际问题的需要选择合适的估算方法，所谓"合适的方法"，即能解决问题的方法。（见图4-7）

图4-7　用估算解决问题

案例链接

用估算解决问题

1. 知道了什么

师：这位妈妈要买什么东西呢？她要你们帮什么忙呢？

生：买一部电话机和一台电吹风，电话机358元、电吹风218元。

生：提出的问题是500元钱够不够买这两件商品？

师：也就是说我们只要判断出500元够不够，就能解决这个问题了，对不对？

师：那我们是用精确计算呢？还是用估算就可以解决问题呢？同学们可以自己先思考一下，然后和同桌说一说。

2. 体验估小法

师：刚才有个同学算得特别快，我们来看看他是怎么算的。

生：电话机358元超过了300元，电吹风218元超过了200元，300+200=500。

所以，358+218的结果一定比500大，带500元肯定不够。

师：大家听懂这位同学的算法了吗？谁能再说一遍？他采用的是什么方法？（估算）

师：那刚才同学们说的估算方法，是否帮这位妈妈解决了问题？我们来检验一下。

师：我当妈妈来问一下啊！这位同学，我带500元够吗？（不够）为什么呢？

生：电话机超过了300元，电吹风超过了200元。300+200=500，带500元肯定不够。

3. 感知估大法

师：既然500元不够，那妈妈就多带一点吧。

师：带700元，不知道够不够？同学们帮妈妈估计一下，可以和同桌互相说说想法。

师：谁来向大家汇报一下你的解决方案。

生：电话机不超过400元，电吹风不超过300元，400+300=700，带700元肯定够了。

师：700元是不是真的够了？我们来共同检验一下吧！

师：这是700元钱，谁来说说如何付款？

生：用400元去付电话机钱，还多了。再用300元去付电吹风钱，也多了。所以700元够了。

生：用400元去买电话机，找回42元钱。再用200元加找回的钱去买电吹风，都够了，还有100元没使用。

4. 付款检验

师：谢谢同学们，妈妈知道她带700元够了。付款时收银员阿姨说她有两次不小心输错了。

她给的三个价钱里到底哪个是正确的呢？（476，776，576）你是怎么知道的？

生：刚才我们判断了500元不够，所以476元肯定是错误的。

第四章　算理算法，让运算思维可见

> 生：700元钱都多了，所以价格不到700元，776肯定也是错的。
> 生：3个答案里如果有一个是正确的，只能是576。
> 师：原来估算不仅能判断钱够不够，还能快速地判断账算得对不对。

通过想一想、说一说等教学活动引导学生发现这种问题不必算出准确结果，用估算就可以解决问题。通过交流，使学生明确，估算方法的选择应根据数据特点，以能解决问题为标准，从而培养学生根据需要灵活进行估算的意识和能力。

四、问题解决，理解运算意义

计算是为解决实际问题而产生的，是解决实际问题过程中的一部分，如果教师在教学中只是为了计算而教计算，为了算理而教算理，那么学生对计算方法的理解就缺失必要的基础，就难以在实际问题中感悟算理。因此，计算教学必须与解决实际问题相结合，让学生在解决实际问题中理解运算的含义，明晰运算的道理，感悟运算的方法，进而提炼数量关系，提升运算能力。

计算与解决问题有着密切的联系。应用计算解决实际问题，一方面可以练习计算，另一方面也能让学生感受到计算的实际应用价值。而设计开放性练习，有助于培养学生的探究能力以及思维的多样性和灵活性：一是同时给出多个已知条件，并提出几个问题。这样的实际问题情境大、信息多，要解答的问题也多，解决每个问题都要从已知条件里选择有关数据。这就为以后形成相关的分析思路作了铺垫。二是在问题情境里呈现多余条件。如果将条件与问题"无缝"匹配，会降低学生解题时的挑战性。长此以往，学生的思考力就得不到提升。三是鼓励学生在现实情境里自己提出问题并自主解答。培养学生发现和提出问题的能力是数学教学的目标之一。过去我们的教学十分重视学生分析和解决问题能力的培养，而在培养发现和提出问题的能力方面很是不足。在教学中，要有意识地创造让学生自己提问并自主解答的机会，为以后解决复杂问题打下基础。

厘清数量关系是解决实际问题的关键，学生对于实际问题中数量关系的分析水平，不仅能够反映学生对问题的理解和知识的掌握情况，而且还能够反映学生思维水平的抽象程度和运用知识解决实际问题的能力。因此，教学中教师要引导学生在解决实际问题的过程中学会厘清数量关系，探索解决实际问题的策略，提高解决实际问题的能力。

例如，三年级女生要进行集体舞表演。老师将参加表演的60人平均分成2队，每队平均分成3组。每组有多少人？

案例链接

连除解决问题

一、情境引入，寻找信息

师：题目告诉我们什么？圈出关键词句。

师：60人平均分成2队，每队平均分成3组，每组有多少人？（整理关键词句）

二、列式解决，分析数量关系

1. 师：这个问题怎样解答？独立列出算式。

2. 学生汇报交流。

（1）60÷2=30（人），30÷3=10（人），这里根据什么先求什么，根据什么再求什么？

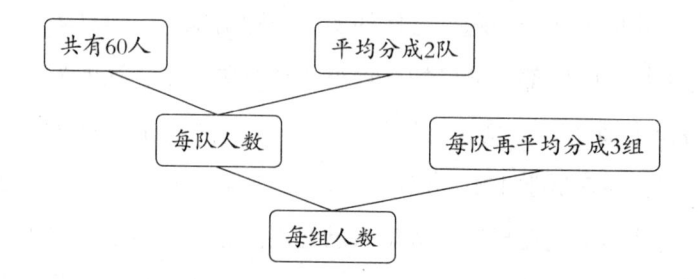

```
  共有60人          平均分成2队
        \          /
         每队人数         每队再平均分成3组
              \          /
               每组人数
```

先求：60人平均分成2队，每队多少人，再求每组多少人。

（2）60÷（2×3），先求什么，再求什么？

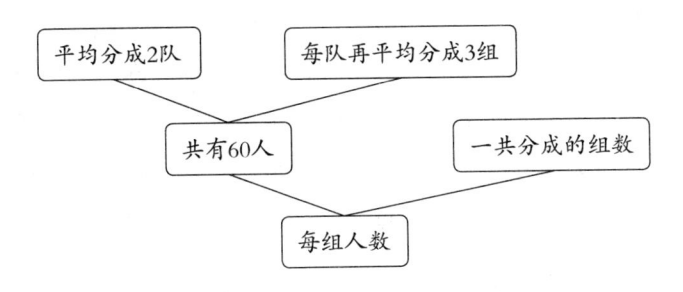

```
平均分成2队      每队再平均分成3组
      ↘        ↙
      共有60人        一共分成的组数
           ↘        ↙
            每组人数
```

先求：60人分成多少组，再求每组多少人。

三、数形结合，建立连除模型

师：（多媒体动态呈现下图）这场集体舞共有60人，用一个长方形来表示，平均分成2队，就把这个长方形平均分成2份；每队再平均分成3组，即把长方形中的一份平均分成3小份，求每组有多少人，就是求长方形中的一小份有多少人。像这样，连续两次平均分就可以用连除来解决。

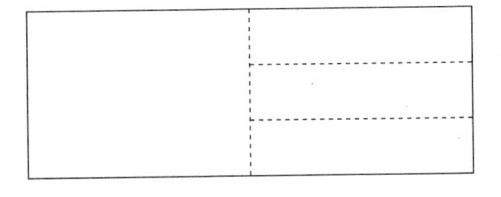

分析数量关系是解决问题的核心。课程改革以来，很多教师认为"问题解决"的教学只要让学生会做习题就行了，可以不讲数量关系。其实不然，如果学生弄不清楚数量关系，就不可能从纷繁复杂的情境中提炼出有用的信息。只有学会了分析数量关系，在遇到各种类型的问题时，他才会在理解的基础上进行解答。关于这一点，传统的应用题教学给我们留下了许多宝贵的经验。在课堂教学中，教师要经常提问学生"你是怎么想的""先根据……求出……再根据……求出……"等，这些提问看似简单，却恰恰是梳理和提炼解题思路的拐杖，因为它能帮助学生厘清基本的解题思路，让隐性的解决问题策略显性化。

如上述案例中，我不仅运用"根据……先求……根据……再求……"这一句式，还配以具体形象的解题思路图，突出基本数量关系的分析和提炼，提高了课堂教学的效率。

本节课的教学目标之一就是通过学习使学生掌握连除两步计算。为什么要两步计算？显然，对于不同学习水平的学生来说，他们已有的知识起点是不同的，有学生能想到多种方法，有学生不能清楚表述自己的解题思路，还有学生面对多个信息时手足无措。那么，我们该用什么方法让更多的学生掌握解题策略，提高自主解题的能力呢？采用数形结合的方法能将具体的情境直观化、动态化、简易化，在"数"与"形"的转化中，帮助学生确立"连除就是表征连续两次平均分"的观念，从而直观地建立除法两步计算解决问题的模型。数学模型是学生学习数学知识和应用知识的桥梁，它可以将纷繁复杂的数学知识直观化、简洁化，有助于学生理解知识的本质，感悟其内涵，同时学生可以借助数学模型来解决生活中的实际问题。

五、养成习惯，从育知到育心

小学生的学习习惯正处于形成阶段，良好的运算习惯直接影响学生运算能力的形成和提高。学生运算不准确，不是因为学生不会，也不是因为不明算理，而是因为养成了不良的运算习惯。因此，养成良好的运算习惯尤为重要。

习惯决定性格，性格决定命运。良好的习惯应从小培养。学生在计算中抄错题、算错题的原因，不能简单地归结为粗心、马虎、不仔细，其实质是运算习惯和心理品质的问题。培养学生的运算习惯，在日常计算中应要求学生认真审题、规范书写、细心演算、及时检验纠错等。良好的运算习惯可以概括为一看、二定、三算、四验、五思。

一看，即看清数字、符号、运算顺序以及它们之间的关系及其特点，逐步养成仔细审题的习惯。

二定，即根据算式，确定运算顺序及步骤，根据运用运算的性质、定律，使计算正确、合理、灵活和简洁。

三算，即专心计算，不能三心二意。字迹清楚，格式规范，步骤有序，草稿纸上的算式也要按序书写，便于检查核对。

四验，即检验结果，方法多样。可以用不同的方法从不同角度进行检验。例如，用估算的方法估计结果的范围，或者重复演算，或者反推、还原……提高计算的正确性。

五思，即总结反思，积累计算活动经验，促进运算能力的提升。

培养学生的运算能力是一项长期工作。在教学中，我们要激发学生学习的兴趣，将运算和实际生活、情感态度相联系；让学生理解算理，掌握算法；加强运算的训练，使学生养成良好的运算习惯。在小学数学教学中，教师要做到不断思考、不断创新，避免教学单一、枯燥，根据学生的心理特征和性格特点，选择适合学生的教学方式和学习方式，循序渐进地引导学生完成运算能力的提高。

第五章

数形结合，让思维路径可见

几何直观主要是指运用图表描述和分析问题的意识与习惯。能够感知各种几何图形及其组成元素，依据图形的特征进行分类；根据语言描述画出相应的图形，分析图形的性质；建立形与数的联系，构建数学问题的直观模型；利用图表分析实际情境与数学问题，探索解决问题的思路。几何直观有助于把握问题的本质，明晰思维的路径。

——《义务教育数学课程标准（2022年版）》

小学生的思维正处于以形象思维为主的阶段，他们思维的形象性与数学知识的抽象性之间的矛盾需要通过几何直观来化解。学生利用图形描述和分析问题，借助各种几何图形的直观特点分析、解决问题，以达到化隐为显、化数为形、化抽象为具象的效果，把复杂的数学问题变得简明、形象，有助于探索解决问题的思路，预测结果。画图解决问题旨在运用图形培养学生直观分析、解决问题的能力和创新思维。

几何直观是一种描述和解决数学问题的方法，它与"直观几何"的区别在于，后者是指几何学中的一个研究领域，主要研究包括认识图形、进行立体图形与平面图形的转换等内容。几何直观是借助几何图形的形象关系来研究问题，这就体现了与实物直观（以实物为直观工具，如小棒等）的差异。它的研究对象并不局限于几何学范畴，更多的是研究数量之间的关系。"直观"是指研究问题的方式和手段，是指对事物进行的未经逻辑分析的直接判断，是对事物直接接触而获得的感性认识，是对事物本质的直接洞察和直接把握。

如图5-1所示，空间想象能力和数形转换能力是几何直观的基础层面。几何直观以几何图形为研究问题的工具，这就需要对几何图形的特点有准确的认识，并具有较强的空间想象能力；数形转换能力也是几何直观的重要内容，即在符号语言（数）与图式语言（形）之间建立联系，熟练地进行互译。读图分析能力和画图思考能力是掌握几何直观的必备能力。前者主要是借助图形描述数学问题，后者则是借助图形分析思考数学问题。

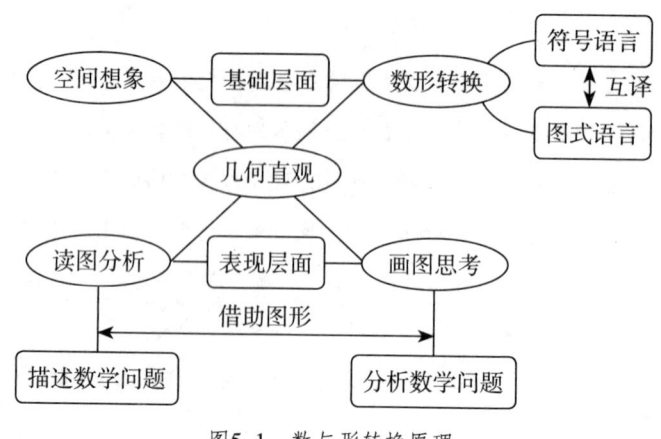

图5-1　数与形转换原理

几何直观是一种手段、方式和方法，它运用实物、图形、符号等来描述、分析问题，从而让问题变得简明、形象。形象、简明的数学直观，能有效地启发学生思考问题，帮助学生描述、分析、理解问题的本质，进而促进学生找到问题解决的思路、策略。哲学家通常认为，直观就是未经充分地推理而对事物本质的一种直接把握，帕斯卡尔的"敏感性精神"，胡塞尔的"现象学直观"，其意义均在于此。而心理学家则认为，直观是从感觉到的具体对象背后发现抽象的一种能力。

几何直观是一种学习意识，是一种学习能力，是一个学习过程，也是一个学习结果。在小学数学教学中，教师要引导学生看图、读图、想图、画图，这是发展学生几何直观能力的重要环节。借助直观图形，能将抽象的数学语言与直观图形有机结合。作为教师，要培养学生的画图意识，提升学生的画图能力；要激发学生的画图兴趣，教给学生画图方法，帮助学生积累画图经验。通过画图，让复杂的问题简单化，让隐蔽的问题明朗化，让抽象的问题直观化。

几何直观是数学思维的可视化。苏联著名的数学家A.N.柯尔莫戈洛夫说："只要有可能，数学家总是尽力把他们正在研究的问题从几何上视觉化。"在小学数学教学中，教师要给学生提供丰富的画图素材，明确画图的内容，丰富画图的形式，引导学生将数与形结合起来。如此一来，学生才能将抽象的数学语言与直观的图形语言有机地结合起来，就能科学、合理、快捷地解决问题。从这个意义上说，"几何直观"是学生学习数学的重要载体、媒介、抓手。

几何直观是数与形的转换。学生在数学学习中能从数、式想到图、形，又能通过图、形想到数、式。作为教师，一方面要加强数形结合的教学，突出数形转化的训练；另一方面要开展综合实践活动，让数与形有效地融通、融合。通过数形转换，培养学生"从数看形""从形看数"的能力，增强学生数形互换的能力。

一、图形描述，分析问题直观

用画图策略解决实际问题的教学重点是围绕具有适度挑战性的问题，引导学生积极开展分析和解决实际问题的活动，深度参与构造图形描述问题以及利用图形分析问题的思考过程，充分体验画图策略的应用价值，帮助他们形成主动应用画图策略分析并解决问题的意识，发展几何直观。

例如，人教版三年级数学下册练习十五第10题，题目是这样的：在一张边长是10厘米的正方形纸中，剪去一个长6厘米、宽4厘米的长方形。剩下部分的面积是多少？剩下部分的周长呢？

本题由于所剪图形的位置与方向不同，视觉上会影响学生对所剩图形面积的大小作出判断。通过让学生用不同的方法求出所剩图形的面积，使学生获得两方面的认识：一是面积是可以相加减的；二是从同样大小的图形中，去掉同样大小的一部分，所剩图形面积相等，与图形形状无关，也就是面积相等的图形，周长不一定相等。

由于学生已经知道了长方形和正方形的特征，掌握了长方形和正方形的基本画法，并且是课后练习。因此，面对此类比较复杂的数学问题，教师引导学生用画图的方法整理条件和问题，接着鼓励学生尝试画草图，独立自主地进行相关示意图的规划、调整和逐步完善的构造过程，促使他们在画图操作和讨论交流中掌握用相关示意图描述问题的方法及解题路径。（见图5-2）

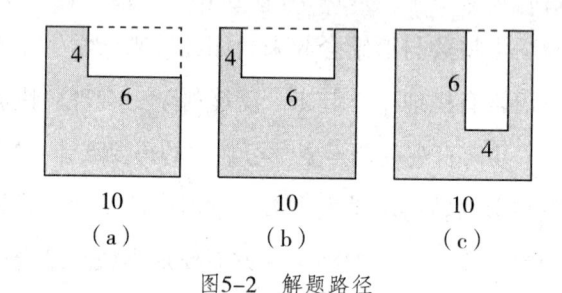

图5-2 解题路径

面积均为：$S=10 \times 10-6 \times 4=76$（平方厘米）

周长分别为：

图5-2（a）：$C=10 \times 4=40$（厘米）

图5-2（b）：$C=10 \times 4+4 \times 2=48$（厘米）

图5-2（c）：$C=10 \times 4+6 \times 2=52$（厘米）

几何直观包括构造图形描述问题和利用图形分析问题两个方面。在教学用画图策略分析和解决实际问题的过程中，要引导学生充分参与构造图形描述问题的过程，逐步学会将文字表征的数量关系转换成直观的图形表征方式。同时，要善于发挥图形直观的支持作用，引导学生借助图形直观探索条件和条件、条件和问题之间的联系，寻求解决问题的思路。因此，在教学中，首先要引导学生掌握画线段图或长方形图描述问题的思考过程及具体操作方法，这是帮助他们应用画图策略分析和解决问题的基础。如果学生学不会画图，就无法真正体验到画图策略的优势与价值。此外，要引导学生借助直观图形分析数量关系，寻求解决问题的思路，帮助他们逐步体会利用图形分析问题的具体过程和特点，这是形成策略意识的保证。

二、图形变换，预测结果形象

几何直观是解决问题的重要策略，合理的策略指导，能让学生从洞察和想象入手，经历反思性循环，体验和感受问题解决的过程。将直观图与数学语言、符号语言合理转化，有助于渗透数形结合思想，感悟数与形之间的内在联系。"画图助思辨"为核心的几何直观是解决问题的有效策略，符合学生的认知规律，能有效缓解认知矛盾，借助几何直观，突出主要线索，清晰展示数学问题内在的逻辑关系，揭示研究对象的性质和关系，调动学生的创造激情，让学生形成几何直观能力，促进学生形成良好的思维品质。

几何直观可以激发学生对数学的思考，为公式推导提供思路和技巧，有时严格的逻辑证明，实质上就是直观思考的严格化和数学加工。通过图形的直观性将抽象的数学推导更形象化、简单化，实现图形变换结果的预测，这样让数学思维可视化真正地发生。

以圆面积的推导为例，很多教师贪图方便，就直接说求圆的面积记住$S=\pi r^2$这个公式就好了，教师这样说有点杀鸡取卵的味道，是把数学思维的训练过程给抹杀了，直接以结果论英雄。如何让学生的数学思维形成并内化呢？除了要让学生自主地参与几何直观操作的过程外，还应该让学生想一想、说一说，说清楚了，思维才能清晰地形成并内化。

> **案例链接**

圆的面积

一、找关联

师：明确了圆的面积是什么，怎么求？

师：之前学过哪些平面图形的面积？当时是怎么样学的？都用了哪些方法？

生：我们之前是通过折、剪、拼把新的图形转化成旧的图形。

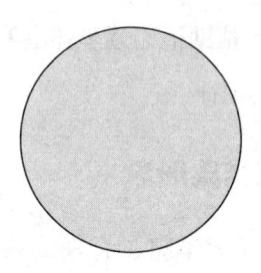

二、寻方法

1. 化圆为方

生₁：我想把它折成一个正方形，再求出它的面积。

师：他的想法很好，但这个方法有局限性的，有什么问题呢？

生₂：像他那样折的话，除了正方形，剩下部分的面积没办法求出来的。

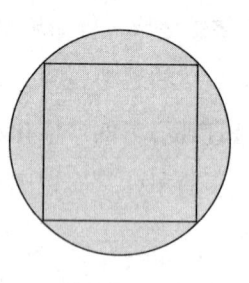

2. 数方格

生₁：把圆和小正方形放到方格纸上去，通过数方格的方法进行判断。

师：这种方法有问题吗？

生₂：周边不是小方格的部分还是不能精准地计算出来。

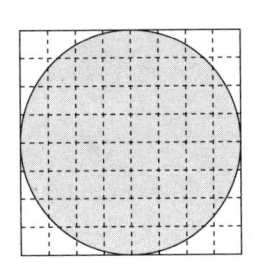

3. 无限分割，化曲为直

生₁：学生展示对折2次后的图形。

生₂：我想继续细折，折到每份很小的时候可以拼成一个长方形。

（教师展示对折2次和对折4次后的图形。）

师：对比两种折后的图形，你们发现了什么？

生₃：圆的边变得越来越平。

生₄：我发现，对折后的图形越来越小，越来越像三角形。

生₅：我发现，随着折的次数增多，这条曲边就越来越直。

师：这种方法叫化曲为直。

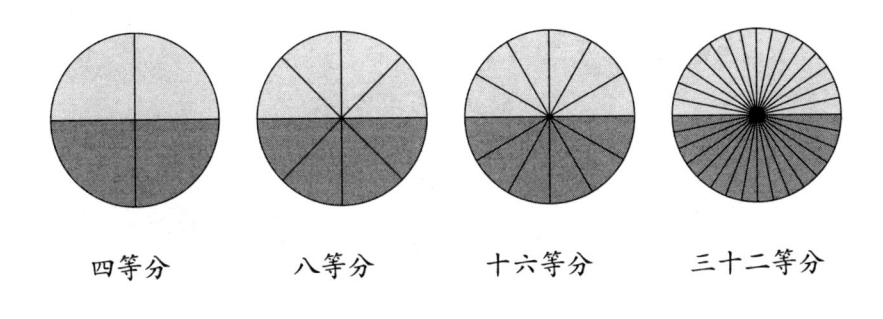

四等分　　　八等分　　　十六等分　　　三十二等分

在教学中，教师给学生充足的空间让学生思考求得圆的面积这一问题的办法。"化圆为方""数方格"和对折使其变成近似的三角形，这些都是学生思考出来的解决方式。教师遵从学生的认知方式，以学生的思维方式制订教学方案，并让学生通过操作、对比、想象感受极限思想。更重要的是教师教给学生一种学习新知识的思维方式——是什么、找联系、定方法，这是面向终身发展的能力。

85

案例链接

三、动手操作，尝试转化

活动要求：

1. 选一选：从4等分、8等分、16等分、32等分的圆中，每组选择一种。

2. 拼一拼：将等分后的圆拼成一个我们学过的平面图形。

3. 说一说：将自己的思考在组内分享交流。

4. 想一想：什么没变，什么变。

学生汇报：

生$_1$：我们组发现：随着分的数越多、越细，拼出的图形越接近长方形。

生$_2$：我们组发现：形状变了，面积不变。

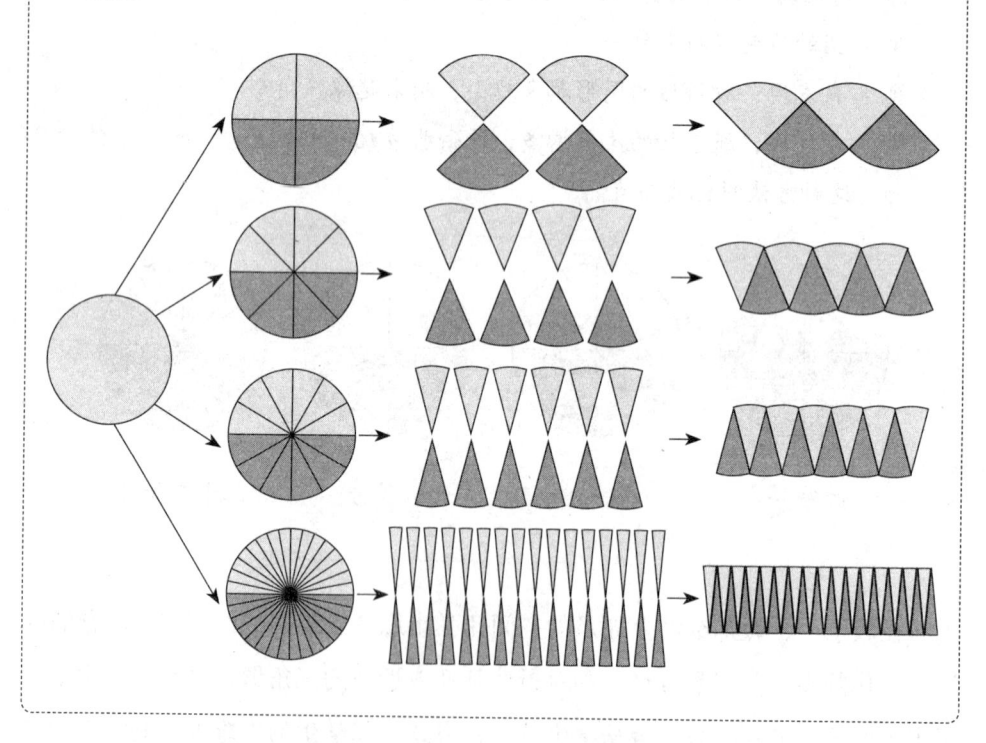

……

在活动前的材料选择上教师就让学生自己选择，学生通过自己的商讨决定活动的材料，活动中允许学生拼成各种不同的近似平面图形。当学生都拼成近似的平行四边形后，教师引导学生将图形有序排列，并进行观察，引发学生思考，寻找其中的联系，这就不仅仅是数学操作，而是一个有效的数学活动，一个能引发学生思考、具有思维含量的数学活动。

案例链接

四、找出联系，推导公式

探究单

找出联系：

（1）找一找，请找到转化后的近似平面图形的底和高。

（2）想一想，它的底和高与圆的什么有关？有什么关系？

推导公式：

（1）平面图形的面积计算公式是什么？

（2）请尝试推导出圆的面积计算公式。

学生交流汇报：

1. $S=C\div 2\times r$。

生$_1$：整个圆的周长除以2就是近似的平行四边形的底，半径是近似的平行四边形的高，所以周长除以2乘半径就等于这个圆的面积。

生$_2$：周长除以2就是近似平行四边形的底，能求出来，但是比较麻烦。

2. $S=\pi \times r\times r$。

生：面积等于周长的一半乘半径，周长的一半是πr，再乘半径r，就是$S=\pi \times r\times r$。

3. $S=\pi r^2$。

师：刚才同学们推导出圆的面积计算公式是$\pi \times r\times r$。老师这里也有一个圆，可以拼成一个什么图形？（用教具拼摆）

生：近似的长方形。教师板书推导过程，并在推导中进一步明确$\dfrac{C}{2}$和r。

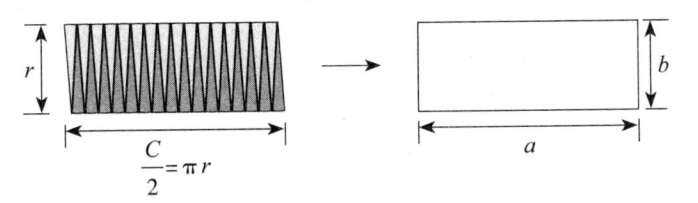

> 师：还可以让这个公式$S=π×r×r$更简洁吗？
> 生：$r×r$可以等于r^2，就是$S=πr^2$。

在公式推导的过程中，教师让不同思维层次的学生有不同的推导结果，将这些结果依次呈现，并给学生留足讨论的空间，让学生想清楚、辨清楚，同时，还借助教具，从近似长方形推导出圆的面积计算公式，进一步数形结合强调明确π和r的含义，照顾不同层次的学生，并引导学生补充，进而将计算公式最简化。教师还通过板演，不仅强化完善了计算公式的推导过程，也丰富了学生推导圆的面积计算公式的思维方式，让学生感受到解决问题方法的多样性。这样推导的思维过程，使数学探究不但有其结果，更有一种过程的美丽与理解的深刻。

三、图形直观，抽象结论易见

小学生思维的水平正处于具体运算阶段向形式运算阶段过渡，离不开具体事物的支持，借助图形的直观性特点将抽象的数学语言与直观的图形语言有机地结合，将抽象思维同形象思维结合起来，充分展现问题的本质，能够帮助学生打开思维的大门，开启智慧，突破数学理解上的难点。

数学抽象，在小学阶段主要指从具体情境中抽象出数学的概念、关系、结构和结果的思想方法，有助于学生在日常生活和实践中用数学眼光观察现实世界，发现数学与现实世界的广泛联系，形成从数学视角，从而进行一般性思考的习惯，并掌握一定的方法和能力。几何直观是对现实世界中情境的刻画，其要素对应着情境中的某些原型，在构建几何直观的过程中提炼几何直观要素的过程有助于提升学生的数学抽象素养。

案例链接

小数的性质

师：星期天，小明去买橡皮，发现一个商店的标价是每块0.30元，另一个是每块0.3元。你们看这两个商店的标价，哪个贵一些？

> 我买了一支铅笔用了0.3元

> 我买了一块橡皮用了0.30元

生：我觉得0.30元与0.3元是一样的，这两个商店的标价是相同的。

师：为什么0.3=0.30？可以怎样验证或说明？请大家先分组讨论。

生$_1$：我们是这样想的，0.3元就是3角，0.30元就是30分，3角等于30分，所以0.3元＝0.30元。

生$_2$：我们发现，0.3表示3个0.1，0.30表示30个0.01，30个0.01就等于3个0.1，所以0.3=0.30。

生$_3$：我们组用画图的方法进行解释，用两张同样大小的正方形纸，一张平均分成10份，表示出其中的3份，就是0.3；另一张平均分成100份，表示出其中的30份，就是0.30。比较涂色部分的大小，我们发现大小相同，所以0.3=0.30。

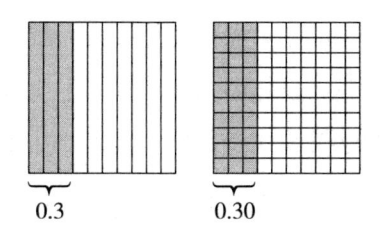

师：画图是一个形象直观的好方法。同学们想出了这么多方法解释和说明，这足以表明0.3和0.30是相等的。

小数意义是丰富且多元的，利用直观图比较0.3和0.30的大小，通过方格纸（面积模型）直观模型，引导学生进行观察、类比和推理，归纳总结小数的定义和计数单位。这是以形释数的过程，这样的设计，不仅能促进学生观察、分析、抽象及迁移能力的提升，还能加深学生对"计数单位"的认识，进而明白小数末尾添上"0"或者去掉"0"小数的大小不变。抽象的小数概念变得直观明了，既能帮助学生积累丰富的感性认识，也能为学生顺利抽象概括小数的意义奠定坚实的基础。

数学概念教学历来是小学数学教学中的难点，因为其概念是抽象的，而小学生对事物的认识是从具体到抽象、从感性到理性、从低级到高级，逐步上升、逐步发展的。在低年级，学生的思维还处于具体形象思维阶段，到了中高年级，抽象思维水平虽然有所发展，但这种抽象逻辑思维在很大程度上仍要凭借事物的具体形象或表象。因此，在教学中，教师要借助几何直观，以形助数，帮助学生加深对数概念的理解。

四、直观模型，内化逻辑关系

几何在数学研究中起着联络、理解、提供方法的作用，几何直观可以有效地促进学生对数学知识的理解，提高学生的思维和解决问题的能力。计算教学的重点与难点就是算理的理解，在教学相关计算内容时，教师要注重运用几何直观，让学生通过操作、观察、想象、思考，更加透彻地理解算理，掌握算法，使学生不仅知其然，而且知其所以然。

在计算教学中，算理剖析后经过一定的经验积累，就要将算理外化为可以操作的计算行为，这种外显的、可操作的计算行为就是算法。运算法则表达实施策略是"由形转数"，脱离具体的物象操作，生成数与数之间的运算关系和表达形式，归为抽象的数学关系式及其推演过程。从宏观上看，这种推演直接外化为一种符号演算，如竖式计算、脱式计算等，这种形式或程序所承载的就是抽象的算法。从微观上看，这个过程是在进行归纳法则，将数与数之间的逻辑运算关系提炼出来，并用这种提炼后的法则指导类似的计算，这本身就是一种将逻辑关系内化的过程。

在"13×12"的算理教学中，教师发挥点子图的作用，帮助学生很好地理解笔算过程中每一步的意义，培养了学生几何直观的意识。教学时，首先让学生把想法用点子图表示出来，然后汇报，使全体学生都在探索、交流中体会"先分后合"的解题思路。在研究竖式的计算方法时，可以让学生在点子图上分一分，并把四次相乘得出的结果都在图上圈出来，建立算理与算法的关系。与此同时，处理好算法多样化与优化的关系，让学生通过对不同计算方法和点子图的比较、归纳和分类，体验方法的异同，掌握解题的策略，培养学生的分析能力与优化意识。

在"13×12"的教学中，方法一：有的同学把12行点子图平均分为4份，每份是3行。3个13，是13×3=39，每份39个点，4份就是39×4=156个点子。同学们把13乘12这样的两位数乘两位数，转化了两位数乘一位数，再乘一位数。（见图5-3）

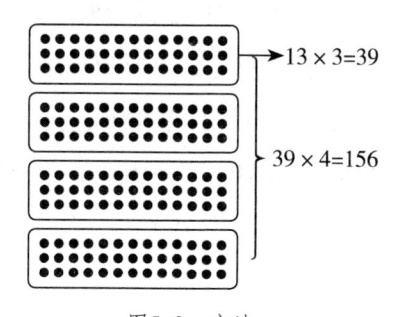

图5-3　方法一

方法二：还有的同学将12行点子或格子分为10行和2行，每行13个格子，13行就有13×10=130个，2行就有13×2=26个，130+26=156个。同学们把13乘12这样的两位数乘两位数，转化成两位数乘整十数，和两位数乘一位数。（见图5-4）

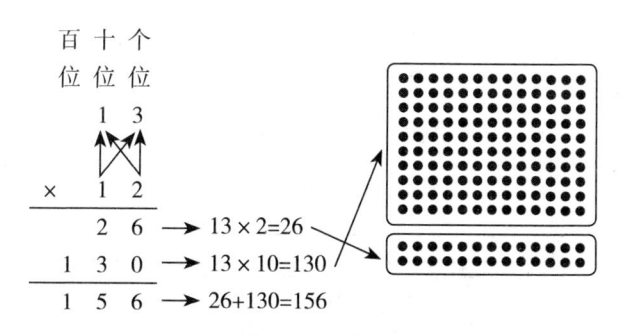

图5-4　方法二

结合点子图的每一步操作，引导学生观察、思考、发现并建立数学符号与操作活动之间的联系，理解直观操作与竖式间的一一对应关系。结合图形的动态演示，使学生明白，竖式只不过是把操作活动用数学符号记录下来的一种形式。让学生经历将操作活动抽象为竖式的数学化过程，体会竖式中每一步的合理性，从而达到借助直观模型理解两位数乘两位数的算理，实现算理的直观化。

五、图形刻画，思路趋向明朗

学生数学核心素养形成的一个重要表现是看其能不能真正解决问题。而无论是现实生活中的实际问题，还是数学世界中的有关数与图形的数学问题，有时数量关系是比较隐晦和复杂的，学生不容易突破思维结点从而明确解决问题的大思路，这时就需要借助几何直观画图分析，帮助学生描述清楚问题的意思，厘清其中的等量关系，使问题解决的思路趋向于明朗。

数学要为理解而学，发展数学思考最重要的是寻找和描述数量关系，而数量关系一般都是抽象的，教师要帮助学生借助画图直观刻画，用图形语言表征把问题情境中的数量关系直观化、清晰化、可视化，从而达成对数学本质的理解。

例如，求小明重多少千克？（见图5-5）

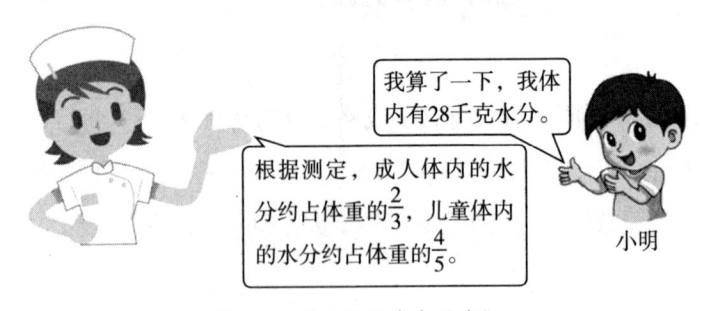

根据测定，成人体内的水分约占体重的$\frac{2}{3}$，儿童体内的水分约占体重的$\frac{4}{5}$。

我算了一下，我体内有28千克水分。

小明

图5-5 "小明重多少千克"

解：设小明的体重是x千克。

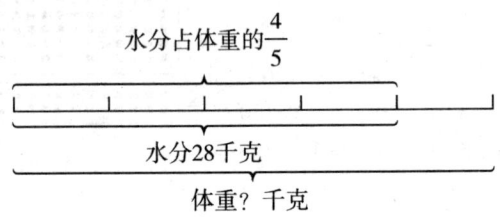

水分占体重的$\frac{4}{5}$

水分28千克

体重? 千克

$$\frac{4}{5}x=28$$

$$x=28÷\frac{4}{5}$$

$$x=28×\frac{5}{4}$$

$$x=35$$

本题首先通过阅读与理解让学生自主分析题意，弄清楚重要条件和问题，选取有效信息。在这里，成人体内水分与体重的关系是一个多余条件，需要学生加以辨别。对于这类题目，如果学生用算术方法解，会较难理解，学生往往难以判断谁是单位"1"，数量关系也较复杂。因此，教师要引导学生用画线段图厘清数学与数量关系，写出等量关系式，再把关系式中的数量分别用未知数和已知数替代，列出方程。

又如，求红萝卜地有多少平方米？（见图5-6）

（这块地共480平方米，其中一半种各种萝卜，红萝卜地的面积占整块萝卜地的$\frac{1}{4}$。）

图5-6　"红萝卜地有多少平方米"

学生明确题意后，可以引导学生画图，借助直观图形分析数量关系。要让学生说清楚题中的已知信息描述的分别是哪两个量之间的关系，是什么样的关系，谁是单位"1"。例如，"一半种各种萝卜"，描述的是萝卜地和整块地的关系，萝卜地的面积是大棚面积的$\frac{1}{2}$。又知道了红萝卜地面积和整块地的关系，要求红萝卜地的面积是多少，很自然地想到要先求出萝卜地的面积。在解决问题的过程中，鼓励学生用多种方法解决问题，以提高学生思维的灵活性和发散性。（见图5-7）

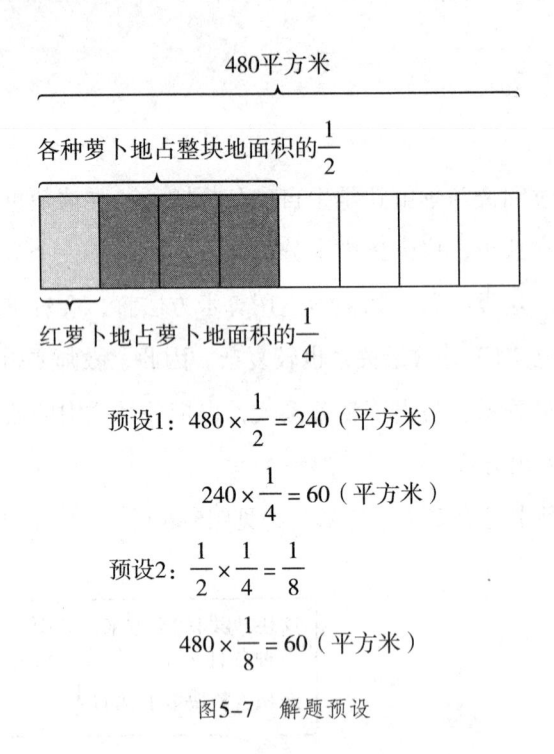

480平方米

各种萝卜地占整块地面积的 $\frac{1}{2}$

红萝卜地占萝卜地面积的 $\frac{1}{4}$

预设1：$480 \times \frac{1}{2} = 240$（平方米）

$240 \times \frac{1}{4} = 60$（平方米）

预设2：$\frac{1}{2} \times \frac{1}{4} = \frac{1}{8}$

$480 \times \frac{1}{8} = 60$（平方米）

图5-7　解题预设

构造图形表征实际问题，不仅能为分析和解决问题提供有力的支持，而且构造图形的过程也是收集、整理信息，初步理解题意的过程。在分数实际问题的解决中，让学生经历画图研究的过程，能够帮助他们直观地刻画量与量之间隐藏的数量关系，将这种高度抽象的数量关系变得明晰、可视。如果我们在数学问题解决的教学中都能进行这样的尝试，就能让学生更深刻地感悟到问题解决的实质：数学中的问题解决都是对数量关系模型的寻找、建立和把握。而且这种感悟不是抽象的、晦涩的，而是由学生通过画图，借助几何直观作支撑，进行刻画和探究出来的。

六、外化于形，理解高阶思维

学生借助画图，通过几何直观的方式来描述复杂算式的运算过程，用

"形"来刻画"数",进而把复杂的问题变得简明、清晰,将数学的高阶思维外化于"形"。画图帮助学生直观地沟通了数与形之间的联系,让极限数学思想在学生的头脑中通过想象得以清晰地运作,学生对它的理解也更加深刻。

在日常课堂教学中,教师要启发和引导学生将遇到的问题用"图"来描述、刻画,用"画"来分析、解决,感悟图的价值,体会画的好处,那么学生思维的可视化就会在数学学习中变得深刻。

"数与形",以一个单元的篇幅揭示了数和形之间存在的内在联系。通过观察、操作、归纳等活动探索图形中隐藏着数的规律,借助直观来感受形与数之间的关系,组织了多个数学活动,引导、帮助学生发现、理解、归纳、推理得出正确结论,并将结论推广到一般,使学生会利用图形来解决一些有关数的问题。在解决数学问题的过程中能够发现数学规律,体会和感悟几何直观、归纳推理等基本的数学思想。

案例链接

数与形——由形想数

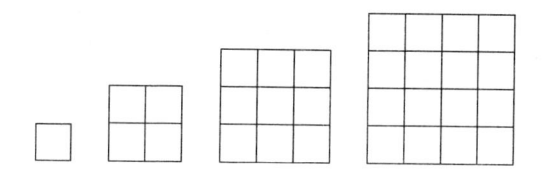

师:仔细观察这组图形,你能用"数"或"算式"来表示在"形"中发现的规律吗?

1. 1,4,9,16

生:1表示第一幅图形里面有1个小正方形,4表示第二幅图形里面有4个小正方形,9表示第三幅图形里面有9个小正方形,16表示第四幅图形里面有16个小正方形。

2. $1×1=1$,$2×2=4$,$3×3=9$,$4×4=16$

生:第一幅图形横竖都是1个小正方形,所以用$1×1$或1^2表示,一共有

1个小正方形；第二幅图形横竖都是2个小正方形，所以用2×2或2^2表示，一共有4个小正方形；第三幅图形横竖都有3个小正方形，所以用3×3或3^2表示，一共有9个小正方形；第四幅图形横竖都有4个小正方形，所以用4×4或4^2表示，一共有16个小正方形。

3. 1，1+3，1+3+5，1+3+5+7

第一幅图形中有1个小正方形，用1表示；第二幅图形是在1个的基础上增加了3个，也就是增加了一个"⌐"字形；第三幅图形在第二幅图形的基础上又增加了一个"⌐"字形，是5个小正方形，组成了一个边长为3的大正方形；第四幅图形是在第三幅图形的基础上又增加一个大的"⌐"字形，也就是7个小正方形，组成一个边长是4的大正方形。

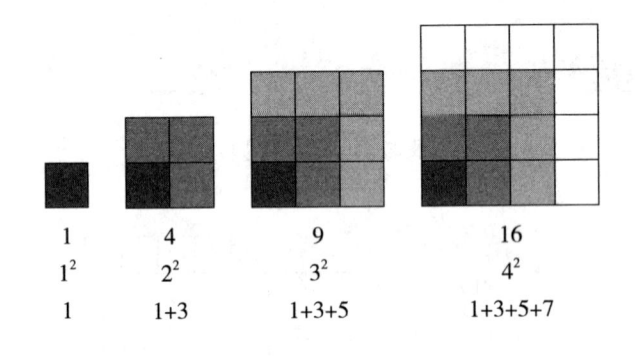

1	4	9	16
1^2	2^2	3^2	4^2
1	1+3	1+3+5	1+3+5+7

"形"的问题中包含着"数"的规律，"数"的问题也可用"形"来帮助解决。教师引导学生从图形联想到数，再从数联想到图形。借形引数，从具体形象过渡到抽象概括，让学生体验到数与形的紧密联系。既从数的角度出发让学生用图形来表示数的规律，又让学生在寻找图形中感受到数的规律，相互印证，使学生感受到数学的魅力。

案例链接

数与形——由数想形

1. 1+3+5+7+9

生₁：我想到1+3+5+7+9=5^2。

生₂：我会想到边长为5的正方形。1对应着边长为1的正方形，1+3对应着边长为2的正方形，1+3+5对应着边长为3的正方形，1+3+5+7对应着边长为4的正方形，所以按照这种推理我们可以想到1+3+5+7+9应该对应着边长为5的正方形。

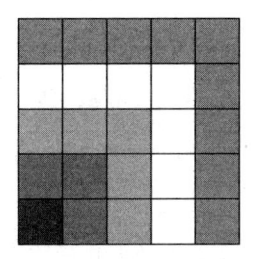

$$1+3+5+7+9=5^2=25$$

2. 7^2

生₁：看见7^2，我会想到边长为7的正方形。

生₂：我还想到一个有7个加数的算式。

师：我们一起来看，看到7^2，我们既能想到它对应着边长是7的正方形，也能写出从1开始的连续7个奇数相加的算式。

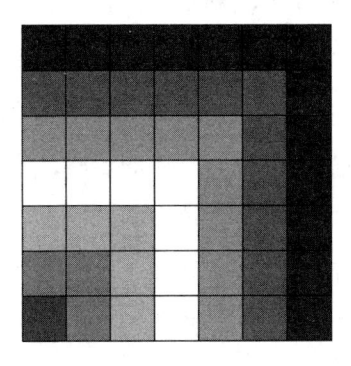

$$1+3+5+7+9+11+13=7^2=49$$

3. 100

师：如果看到100，你还会想到什么？

生$_1$：想到10的平方。

生$_2$：我会想到一个边长为10的正方形。

生$_3$：想到一个有10个加数的算式。

师：请大家把这个算式写出来。

生$_4$：$1+3+5+7+9+11+13+15+17+19=10^2$。

极限思想的理解在小学阶段对学生来说是非常困难的。教师提出"由1+3+5+7+9这个式子你会想到什么"的问题，放手让学生思考；再给出7^2，让学生继续思考；最后，提出"看到100能够想到什么"的问题，逐步把研究推广到一般情况。学生通过观察图形、计数、计算验证得到的结论，并推广到一般，发展了学生的合情推理能力，培养了学生几何直观的意识和能力。

学生借助画直观图，能够帮助自己沟通关系、关注变化，刻画运算连续性中的变化，即图形中空白部分与涂色部分的面积变化，理解"无限"与"无穷小"，理解了变化中"无限"才能理解"有限"，从而理解运算的结果"无限接近1"。画图能够让学生的空间想象力直观地表现出来，将高阶思维可视化，进而帮助学生在建立数与形的内在关联中深刻感悟这种高难度的极限思想。

几何直观不仅是一种教学方法和学习方式，更是一种思维方式。它借助实物图、点子图、方格图、线段图等进行思考、想象，让数学知识变得直观、简单。几何直观允许数学语言可视化，或者通过直观的图形描述找到数学信息。在数学的教与学中，它解决了抽象与具体的矛盾，巧妙地实现了抽象思维与具体思维的结合。以"画图助思辨"为核心的几何直观是解决问题的有效策略，符合小学生的认知规律，能有效缓解认知矛盾，提升学习效率，降低了学生数学学习的难度，帮助学生轻松开启数学探究之旅。

第六章

操作想象，
让空间思维可见

空间观念主要是指对空间物体或图形的形状、大小及位置关系的认识。能够根据物体特征抽象出几何图形，根据几何图形想象出所描述的实际物体；想象并表达物体的空间方位和相互之间的位置关系；感知并描述图形的运动和变化规律。空间观念有助于理解现实生活中空间物体的形态与结构，是形成空间想象力的经验基础。

——《义务教育数学课程标准（2022年版）》

空间观念是从现实生活中积累的、丰富的几何知识体验出发，在经验活动的过程中逐步建立起来的。小学数学教学可以在小学生对图形丰富的感性认识的基础上循序渐进地建立小学生的空间观念。小学数学对空间观念的描述主要有：根据物体特征抽象出几何图形，根据几何图形想象出所描述的实际物体，想象出物体的方位和相互之间的位置关系，描述图形的运动和变化，依据语言的描述画出图形等。培养学生的空间观念主要在观察、想象、操作、思考等过程中进行，从小学低年级开始就可以通过多种途径感知并认识图形、模型和实物。能观其外形，触其表面，读其名称，分辨其特征，分拆重组，进行分类。在实验与操作中，给学生提供充足的时间，建立有关几何的表象。

学生建立空间观念的过程是一个基于观察、想象、比较、分析、综合、抽象、概括，由浅入深地认识客观事物的过程。画家郑板桥以画竹闻名于世，他主张首先从生活入手做到"眼中有竹"，然后变为"胸中之竹"，最后落笔成为"手中之竹"。郑板桥画竹经历了"眼中有竹""胸中之竹""手中之竹"三个阶段，在"图形与几何"教学中发展学生的空间观念，教师也要设法引导学生从具体事物的感知出发，逐步抽象出几何形体的特征，实现从"眼中之竹"过渡到"手中之竹"。

一、整体认知，联结图形关系

学生在对周围环境直观感知的基础上，理解空间与平面之间的关系。学生首先接触的现实世界都是立体的，平面图形是附着在立体上的。教材按照"立体图形—平面图形—立体图形"的顺序编排知识体系，经历了抽象以及三维图形与二维图形的转化的过程，是符合学生认知规律的。研究表明，三维图形与二维图形的相互转换是培养学生空间观念的主要途径和基本表现形式。（见图6–1）

第六章 操作想象，让空间思维可见

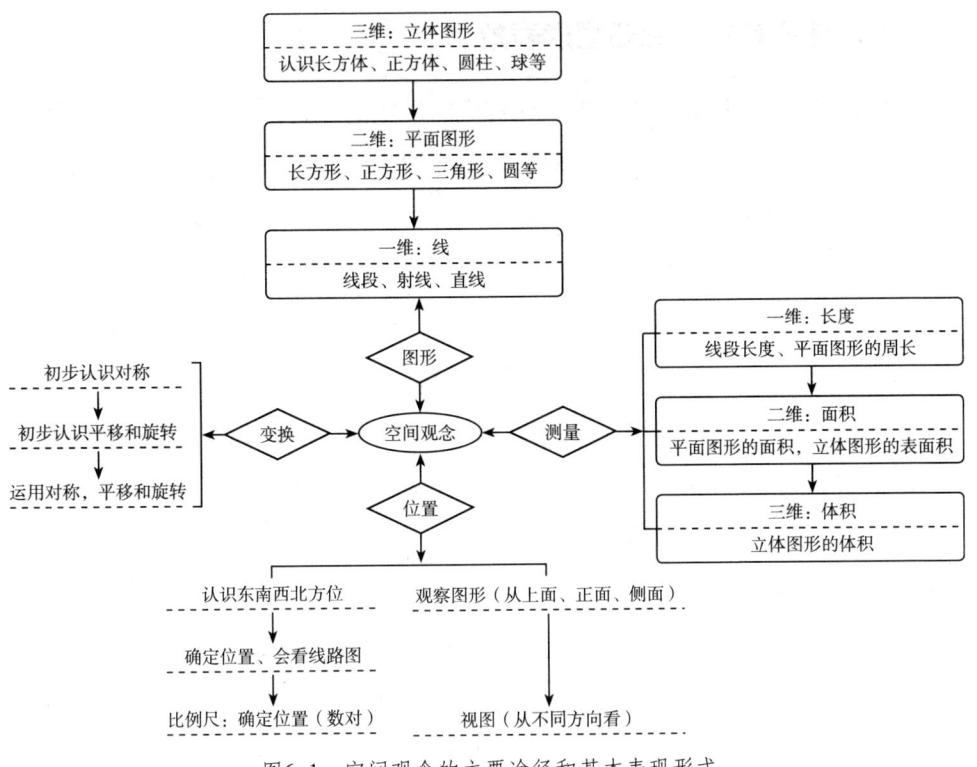

```
                    ┌─────────────────────────┐
                    │  三维：立体图形          │
                    │  认识长方体、正方体、圆柱、球等 │
                    └───────────▲─────────────┘
                                │
                    ┌───────────┴─────────────┐
                    │  二维：平面图形          │
                    │  长方形、正方形、三角形、圆等 │
                    └───────────▲─────────────┘
                                │
                    ┌───────────┴─────────────┐
                    │  一维：线                │
                    │  线段、射线、直线        │
                    └───────────▲─────────────┘
                                │
                              图形
```

图6-1 空间观念的主要途径和基本表现形式

（变换分支：初步认识对称 / 初步认识平移和旋转 / 运用对称、平移和旋转）

（测量分支：一维：长度——线段长度、平面图形的周长；二维：面积——平面图形的面积、立体图形的表面积；三维：体积——立体图形的体积）

（位置分支：认识东南西北方位；确定位置、会看线路图；比例尺：确定位置（数对）；观察图形（从上面、正面、侧面）；视图（从不同方向看））

基于以上的学段梳理，课标呈现出的空间内容形式认知线索是"整体—局部—整体""立体—平面—立体"，对应的数学课程目标包含结果目标和过程目标，学生对同一个或同一类图形的认知要求有明显的层次性、阶段性特征："辨认—初步认识—认识"，是学生认知发展水平的体现，符合学生形象思维发展规律；另一方面可以明显关注到一维、二维、三维图形间的相互转换，这是空间观念要素中的重要方面。

学生的空间表象是从早期的操作活动中构造的，他们依靠经验开始几何初步知识的学习并逐步形成空间观念。首先，经验的积累是一个不断重建的过程，展现出空间观念建立的过程性。其次，与空间观念培养有关的教学内容的编排也体现出循序渐进的过程性。低年级直观认识图形，先整体感知"体"，再由此认识"面"；到了中高年级，则反过来按照从线到面再到体的顺序依次探究平面图形和立体图形的基本特征。

二、抽象特征，感知图形表象

由于小学生生活在一个由形、体构成的现实世界里，他们每天都会接触一些物体和图形，同时积累了一些对几何图形的感性认识和丰富表象，但由于小学生的数学思维是以具体形象为主的思维方式，为此，教师要帮助学生在可感的具体事物中进行必要的抽象，并逐步地积累感性经验。这就需要教师要善于发现并唤起学生的生活经验和图形表象，帮助他们调动多种感官参与图形特征的探究过程，在充分感知各种类型材料的基础上不断积累和丰富，经历"提炼生活—抽象图形—引导概括"的过程，让学生从生活中具体的物体中抽象出几何图形，揭示图形本质，建立几何概念，发展学生的空间观念，培养其逻辑推理能力。实现对图形概念的积累、发展和丰富，不断完善学生对几何概念的感知、理解和建构。

例如，在"线段、射线和直线"的教学中，教师"从学生已有的生活经验出发"，通过让学生在生活中（在生活中拍的图片）寻找线段、直线、射线，初步感知线段、直线、射线的特点。这些熟悉的图片将单调的线条与美丽的图画联系起来，引导学生发现数学美，使数学问题生活化，学生深刻感受到"数学源于生活"，引领学生用数学的眼光观察世界，激发学生浓厚的学习兴趣。

案例链接

线段、射线和直线

师：同学们，我们的生活就像一个五彩缤纷的万花筒，其中蕴含了许多数学知识。

课件出示：

师：这座上海世博会中国馆里藏着什么线？

生：藏着线段。

课件出示：

师：这条铁路轨道藏着什么线？

生：藏着直线。

师：铁路轨道一直延伸，我们可以把它近似地看成直线。

课件出示：

师：这些五光十色的光线里藏着什么线？

生：藏着射线。

师：这些照射灯发射出的光，我们可以近似地看成是射线。正是这些线把我们的生活装扮得如此美丽，今天就让我们走进线的世界，去认识这些神奇的线。

在小学数学"空间与图形"教学中，一般先安排常见几何形体的直观认识的学习内容，再安排常见几何形体的特征和概念的学习内容，由浅入深、循序渐进，体现了学生认知发展的客观规律。常见几何形体的直观认识阶段，重点是让学生通过观察、触摸实物感受其整体形态特征，由"实物—图形—名称"经历由实物直观到几何图形直观、建立实物与图形之间联系的过程。例如，"角的初步认识"例1，教材呈现了剪刀、挂钟、直角三角板3种实物图，并用色线标示出了实物中的角，进而展现了3种实物图中抽象出的锐角、钝角、直角，让学生感受从熟悉的生活实例中抽象出角的过程。抽象出的3个角，类别、开口方向、所画角的两边的长短都有不同，这些不同更能突出角的特征：一个顶点、两条边，从而使学生深刻地认识角。

三、动思结合，揭示本质属性

小学阶段，教学活动应以直观形象为主，尽可能地让学生多观察实物或教具，感知正确清晰的几何形象。充分利用生活资源，必要时运用多媒体手段，以直观动态的方式呈现，丰富感性认识，缩短现实存在与学生个体认识之间的差距。教学中让学生通过指一指、摸一摸、看一看等实践活动，在识图与画图中，丰富空间与图形的经验。

空间观念的形成不是简单的拍照，而是借助操作进行比较、分析与综合，多种感官协同活动是促进知识内化的过程，也是空间观念的形成过程。猜一猜、切一切、摸一摸、搭一搭、比一比、拆一拆等一系列操作活动，是学生获取直接经验的过程，也是尝试、想象、推理、验证、反思的过程，在交流互动中提取间接经验，在"做数学"的过程中加深对数学知识本质的认识。

在教学实践中，要避免操作活动中常见的"教师的脑、学生的手""活动了身体、休息了大脑"等现象，教师还要注意把握过程中的一些问题的观察、测量、剪折、实验、拼摆等操作活动，从而为培养学生的空间观念提供了机会和舞台，但要注意以下几点：

一是操作前要注意激发"内需"。只有建立在学生内在需求基础上的操作活动，才能真正发挥学生的主观能动性和创造性。

二是操作中要重点处理好"动"与"思"的关系。动是手段，促进学生的数学思考才是目的。更为具体地分析，"思"是"动"的基础和指向，

"动"是"思"的表达和深化。"动"前有"思",学生才能对即将开展的操作活动进行有意识地观察、实验、猜想、推理,并主动探索问题的答案;而"动"后有"思",则能及时地总结、提炼操作活动中的数学思考过程和规律,促使学生对数学知识有深刻的感悟,建构起相应的数学知识及认知结构。"思""动"结合,方能相得益彰,促进学生空间观念的建立。

三是操作后应及时进行反思、提升。操作活动只是带来主体对客体的认识,这种认识仅停留在经验水平的积累。而操作后的反思是主体对自身动作所进行的自觉思考,可以带来理性层面的提升。

例如:五年级下册"长方体和正方体的认识"的操作活动。

1. 猜一猜:认知基础前测

活动要求:

(1)学生A站到讲台上,背对其他学生。

(2)教师指定一个图形。A以外的其他学生观察。

(3)学生A转身,请举手的学生提供有用的信息,猜图形。

(4)如果猜对,学生们掌声鼓励;如果没猜对,继续猜。

通过以前的学习以及生活中对长方体、正方体物体的感知,学生对长方体、正方体已经有了初步的认识。但是,究竟认识多少?学生会怎么描述或介绍长方体和正方体?基于这些思考,我设计了"猜一猜"游戏,以期在一种轻松愉悦的氛围中,了解学生对长方体和正方体的掌握情况。同时,希望通过游戏活动,向学生传递"数学好玩"的思想,激发起学生学习数学的兴趣。

2. 切一切:初识面、棱、顶点

认识长方体的面、棱、顶点等概念时,可以指导学生先把马铃薯沿竖直方向切一刀,摸一摸切出的面,明确这是一个面;再把切出的平面朝下,继续沿着竖直方向切一刀,观察这时萝卜有了什么新变化?明确:又多出了一个面,两个面相交的这条边,叫作棱;接着,用类似的方法切第三刀,使学生明确三条棱相交的点叫作顶点。(见图6-2)

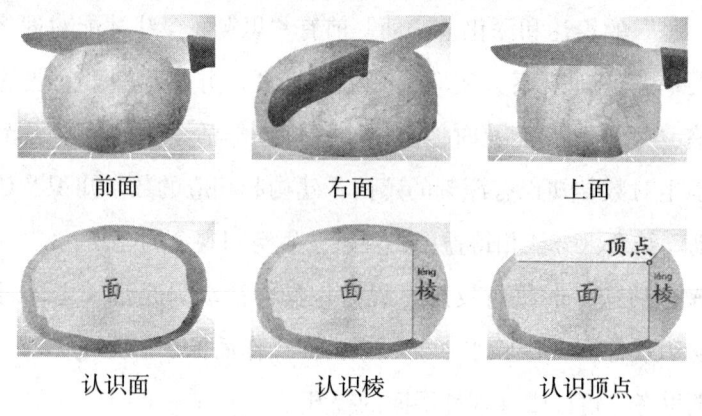

| | | 前面 | | 右面 | | 上面 | |
| | | 认识面 | | 认识棱 | | 认识顶点 | |

图6-2 初识面、棱、顶点

3. 摸一摸：触感面、棱、顶点

（1）请学生拿出自己准备的长方体学具，摸一摸，说一说，有什么发现？（长方体有平平的面）

（2）再请学生摸一摸长方体相邻两个面相交的地方有什么？

讲述：把两个面相交的边叫作棱。

（3）再请同学摸一摸三条棱相交的地方有什么？（一个点）

讲述：把三条棱相交的点叫作顶点。

这样，让学生在"切一切"活动操作、观察过程中逐步认识长方体的面、棱和顶点，不仅可以使学生直观地感受到面、棱和顶点是怎样形成的，还能使学生在切一切、摸一摸、看一看、想一想等活动中丰富对现实空间的感知，增强对三维立体图形的认识与体验，积累探索和研究现实空间的活动经验。

4. 搭一搭：研究棱与顶点数量

通过谈话引导学生初步认识长方体的构成元素——面、棱、顶点，提出"搭"长方体模型的任务。制作长方体模型的要求见表6-1。

表6-1 制作要求

次序	顶点（接头）	棱（小棒）			是否搭成
		蓝（9厘米）	黄（7厘米）	绿（4厘米）	
第一次					
第二次					

经过尝试，学生都能成功搭建长方体模型，借助自己搭建的模型，通过讨论、交流，顺利概括出长方体面、棱、顶点的特征。接着，教师展示一些"不成功"的作品，提出新的"改装任务"。（见图6-3）

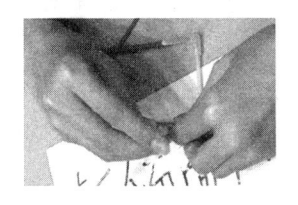

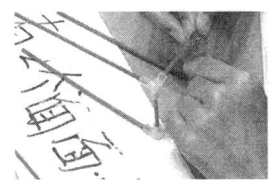

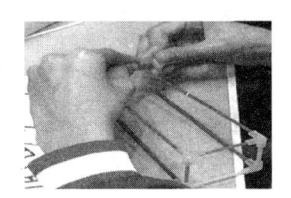

图6-3 搭建长方体模型

本环节设计"用小棒来搭建长方体模型"的学习任务，活动过程分为三个步骤：第一个步骤："尝试性"搭建，初步感知图形结构；第二个步骤："调整性"搭建，深入探究图形特征；第三个步骤："改造性"搭建，验证巩固图形认知。要顺利完成长方体的制作，学生要先从外部仔细观察长方体，思考顶点和棱的数量；第一次尝试后未必搭建成功，此时学生会根据已搭作品，尝试在头脑中自主想象出长方体的"模样"，随后再次尝试搭建，直至成功。这番由"不成功"到"成功"的体验让学生充分经历了观察—猜想—验证—建立图形的过程。活动的目标不仅限于"搭"，而是操作与思考相结合，让学生在"搭"中想、在"搭"中悟，积极探究、自主发现，深入理解长方体各部分的特征及相互之间的关系。

5. 比一比：研究面与棱的特征

教师提问：长方体的6个面和12条棱各有什么特点呢？

请同学们拿出长方体模型，看一看、量一量、比一比，然后把你的发现与小组里的同学交流。

（1）讨论面的特征

提问：长方体6个面的形状、大小有什么特征？

根据学生回答，课件动态演示将长方体的前面和后面完全重合、上面和下面完全重合、左面和右面完全重合的过程。

明确：像这样前、后的两个面，上、下的两个面和左、右的两个面分别是

长方体中三组相对的面。（见图6-4）（板书：相对的面完全相同）

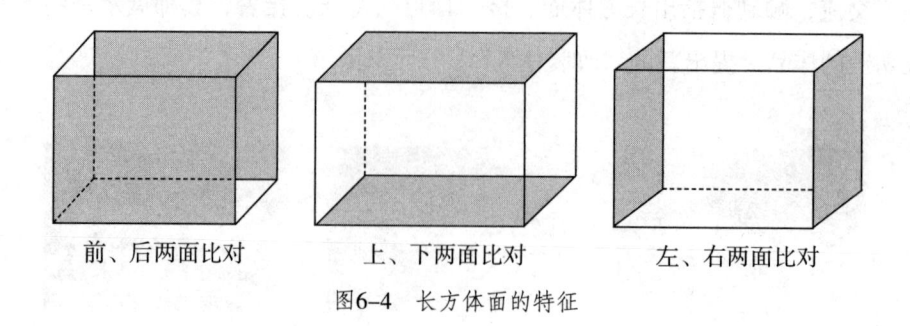

前、后两面比对　　　　　上、下两面比对　　　　　左、右两面比对

图6-4　长方体面的特征

（2）讨论棱的特征

谈话：（出示一个长方体框架）为了便于大家交流，老师带了一个长方体框架，谁来指一指长方体中哪几条棱的长度相等？

请同学到讲台前指一指，再结合课件演示，提问：像这样的4条棱长度是否相等？

课件分别演示三个方向的各4条棱，并通过师生对话，明确：长方体相对的棱的长度相等。（见图6-5）（板书：相对的棱长度相等）

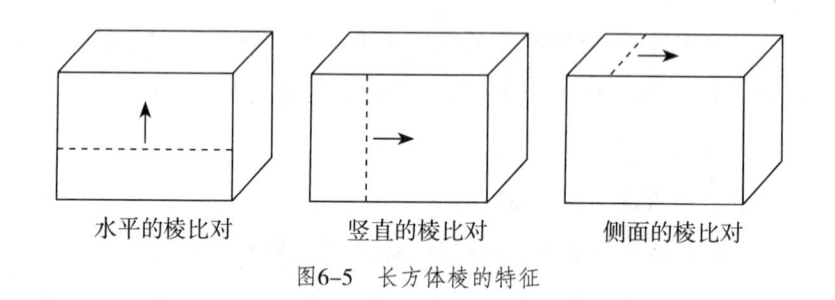

水平的棱比对　　　　　竖直的棱比对　　　　　侧面的棱比对

图6-5　长方体棱的特征

学生对长方体已经有了一些直观的认识。在教学中，教师充分利用学生已有的知识和经验，引导他们通过观察、操作、比较、抽象、概括等，由浅入深、由表及里地探索和发现长方体的特征，并通过适当的整理和概括，初步形成结构化的认识。

6. 拆一拆：深研长方体特征

把长方体框架中的棱拆除一些，根据剩下的棱，你还能想象出原来的长方

体吗？（见图6-6）

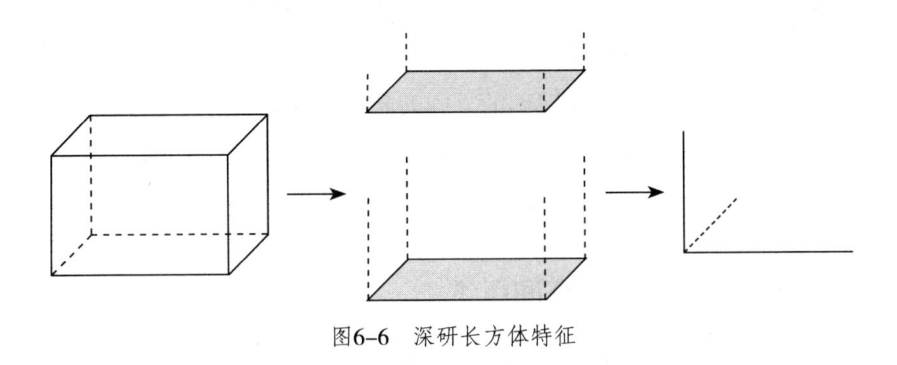

图6-6　深研长方体特征

教师提出"给你三条棱，是不是一定能够想象出长方体原来的样子"这一具有挑战性的问题，迫使学生思考确定长方体三条棱的位置关系。尝试将静态的结论转化成动态的生成，引导学生通过"破坏"长方体来巧妙地解构图形。不破不立，"拆"是充分利用空间想象对立体图形做"减法"，把元素"减"得越少，学生对构成立体图形元素之间的关系就感悟得越深刻。

学生借助操作和想象，很快发现同一平面上的三条棱是不能确定长方体的，三条棱应分别处于"三维"的空间中，且通过平移相交于一个顶点。此时，学生对长方体的认识，不仅是图形外在的元素数量，而且是深入辨析出图形元素之间的空间位置关系。这样的"破"，实际上是把图形再一次"立"起来的过程，因为学生已经深入图形的内部结构，在头脑中依靠想象重新"立"出了图形，"立"出了对几何概念的深刻理解。

对于认识长方体和正方体的特征，教师引领学生"形象—表象—抽象"逐步抽象与建构。在教学时，教师要引导学生从具体事物的整体感知出发，让学生列举生活中长方体形状的物体，充分发挥学生的主体作用，充分让他们通过猜、看、想、摸、切、画、数、量、拆、比等实践活动，调动自身的触觉、视觉、听觉等多种感官认识长方体的面、棱、顶点，从数量上数出它有6个面、8个顶点和12条棱，通过测量发现12条棱之间有什么联系，通过比一比发现6个面的形状、大小有什么共性，等等。从而对长方体有了更清晰的表象，再借助课件的演示，直观、形象、动态地展现长方体面、棱、顶点的特征，让学生亲历

109

"表象的棱—抽象的棱"这一探究过程。正由于有大量的感性经验积累,丰富了学生的图形表象,最后通过教师的唤起和重构,逐步地引导学生对长方体的内在本质属性进行探究,经历观察、实验、猜测、计算、推理、验证等活动过程,使学生建构起长方体立体图形的空间表象,从而理解并掌握了长方体和正方体的本质特征,在探究图形特征的过程中积累了探究的基本活动经验,培养了学生的抽象逻辑思维能力,发展了学生的空间观念。

四、思考想象,发展空间思维

根据荷兰学者范希尔夫妇对几何思维发展水平的研究,学生的几何思维发展需要经历五个层次,从低到高依次是:视觉、分析、非形式化的演绎、形式化的演绎和严密性。小学阶段的学生涉及前三种水平。而且几何思维总是从视觉水平开始的,即儿童一开始往往只关注图形的整体特点,即通过整体轮廓辨认图形,然后才开始注意图形元素的单一性质。

学生一般要经历"动作操作—表象操作—符号操作"三个过程。表象操作是连接动作操作和符号操作的"桥梁"和"中介",有此环节,学生的认识才能在"具体、半具体、半抽象、抽象"之间来回"徘徊",而适时想象则强化了这一中间环节,它把学生从"动手摆物体"上升到脑中想物体的"半具体、半抽象"水平,外部的动作不仅内化为学生头脑中的表象,还内化为头脑中的思考,培养学生"手中无物体,脑中想物体"的习惯。

空间想象能力是在一定空间感知的基础上形成的想象能力,是对空间观念的进一步发展。学生只有对几何形体特征有了充分的认识,才能提高自身的空间想象能力。因此,在教学中,教师要注意虚与实结合,借助空间想象,让学生在平面图上"看出"立体图形。

例如,在小学二、四、五年级安排"观察物体"内容,旨在通过观察、制作、想象、判断等活动,培养学生的空间想象力和推理能力。

"观察物体"结构体系见表6-2。

表6-2 "观察物体"结构体系

年级	能力目标
二年级（上册）第五单元	能辨认从不同位置观察到的一个简单物体、几何体的形状
四年级（下册）第二单元	从不同位置观察一个正方体搭成的几何体的形状；从同一位置观察不同的几何组合体
五年级（下册）第一单元	能辨认从正面、侧面、上面观察到的两个物体或一组立体图形的位置关系和形状

从表6-2分析可知，"观察物体"这一内容所包含的基础知识是客观地认识空间物体和立体图形的基本形状，体会立体图形和平面图形的相互转换；基本技能是按照一定的顺序和方法进行观察；基本思想则包括了三个方面：一是学会抽象，即从实物抽象出图形，从三维物体（立体）抽象出二维图形（平面）；二是展开推理，从观察物体的部分特征，推断或者判断观察的角度、位置以及物体的整体形状；三是建立模型，即在观察的过程中，先要在头脑中建立物体的表象，再利用表象去解决问题。基本活动经验主要是观察、思考和表达的经验。

案例链接

观察物体"猜一猜"活动

活动一：不同的立体图形从正面观察到的形状

师：摆1个实物小正方体。请你猜一猜从正面看到的是什么形状？

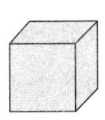

生：是一个正方形。

师：摆2个实物小正方体。从正面观察看到的是什么形状？

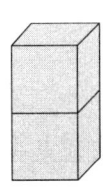

生：上下摆放的两个正方形。

师：教师摆3个实物小正方体。从正面观察看到的是什么形状？并画出来。

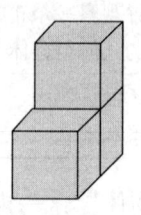

把你猜到的先和同桌说一说，也可以借用手里的小正方体来帮忙。

生₁：竖着的两个正方形。

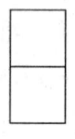

生₂：我从正面看到三个正方形组成的图形。

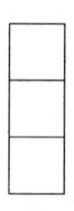

生₃：我同意生₁猜的，我觉得从正面观察应该平视。

师：平视是什么意思？

生₃：就是眼睛的视线和我们要观察的立体图形要在同一水平线上，不能仰视也不能俯视。生₂的视线低一些，就不会看到三个正方形了。

师：教师出示结果，并肯定是由两个正方形拼成的一个长方形。

师：老师有个疑问，从正面观察分别由2个小正方体和3个小正方体搭成的立体图形，为什么看到的都是两个正方形呢？

生：由3个小正方体搭成的立体图形有1个小正方体被挡住了看不到，所以只能看到两个正方形。

师：（小结）从"猜一猜"活动中，我们明白了从正面观察不同的立体图形，看到的平面图形可能是一样的。

第六章 操作想象，让空间思维可见

观察是思维的"触角"，是学生初步获得空间观念的主要途径之一。课始，教师以"猜一猜"的游戏引入，为新知的学习作好铺垫，激发学生的学习兴趣。从立体图形到平面图形的转化是发展空间观念的重要方面。教师先让学生通过观察、想象形成表象，再用语言描述所看到的平面图形，最后通过拼摆学具验证，培养学生的空间想象能力。

案例链接

观察物体"连一连"活动

活动二：同一个立体图形从不同角度观察到的形状

师：下面几幅图分别是谁从哪个方向看到的？分别看到什么形状？

生$_1$：小文连第一幅图，因为小文从正面可以看到三个正方形。

生$_2$：小刚连第三幅图，因为小刚从左面可以看到两个正方形。

生$_3$：小丽连第二幅图，因为小丽从上面可以看到两个正方形。

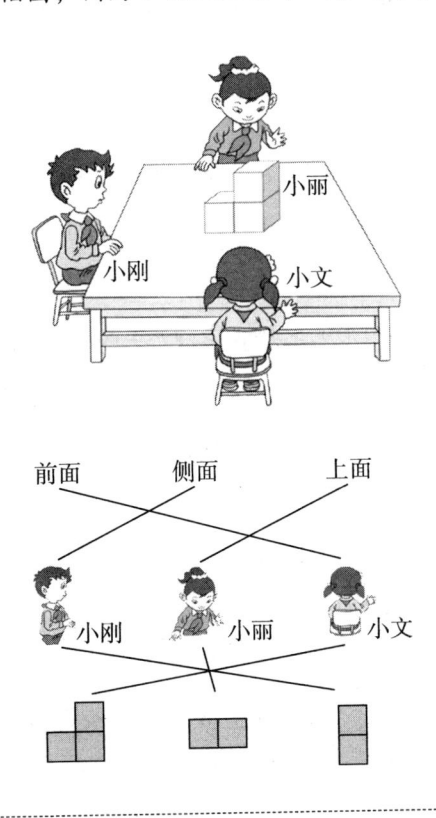

师：小刚和小丽都是看到两个正方形，为什么连的却不同呢？

生：小刚看到的是上下放置的两个正方形，而小丽看到的是左右放置的两个正方形。

师：（小结）从"连一连"活动中，我们又明白了：对于同一个立体图形，从不同角度观察到的平面图形有可能不同。

小学生空间观念的建立应基于生活，立足生活。基于生活原型，要把握好从生活到数学的横向联系，并适时地加以抽象；更要抓住图形的本质，把握好从数学到数学的纵向联系，引导学生加以概括。从生活到数学是发展学生空间观念的必经之路，教师应鼓励、引导学生走进生活，并充分感知物体，实现从物到形的抽象感知；深入研究图形，在探究中注重抽象图形的本质特征，并适时地引导抽象概括，从而把握图形的基本特征，培养学生的抽象逻辑思维，发展学生的空间观念。

案例链接

观察物体"搭一搭"活动

活动三：从平面图形到立体图形

1. 有限定正方体个数

师：在同学们搭立体图形的时候，老师用4个小正方体搭出了一个立体图形，从正面看到的形状是下图这样的，猜猜看老师是怎么搭的？

（课件出示：▢▢▢　学生上台演示，一共有6种搭法）

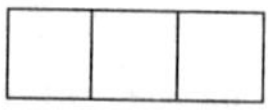

生：演示并讲解想法。

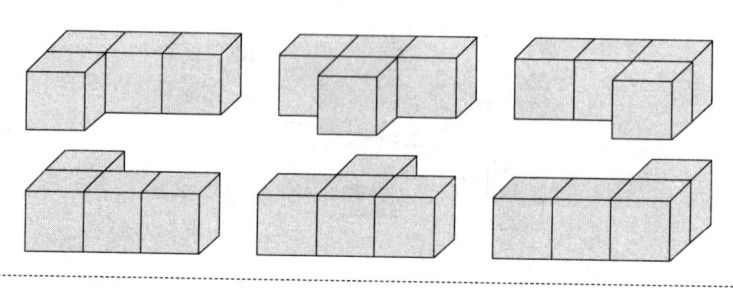

2. 没有限定正方体个数

师：同学们的讲演非常到位，想挑战更好玩的吗？

活动要求是这样：从前面、左面、上面看。（见下图）

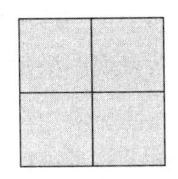

生$_1$：我用8个小正方体就可以啦！

生$_2$：只用了7个也是可以的。

生$_3$：还能再去掉1个，6个也行。

师：大家都认为6个、7个、8个都可以，请大家小组验证一下。

小组操作后让学生展示成果。

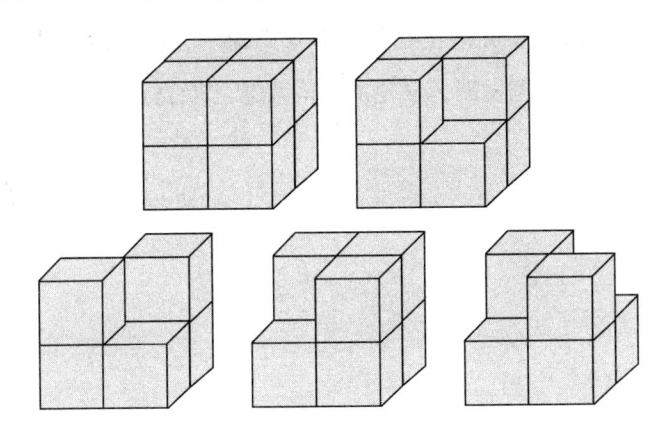

师：想一想，通过刚才的活动，你又有什么发现？

生：一般情况下，根据三个方向的形状图，我们只能摆一个立体图形，但是在特殊情况下，根据三个方向看到的形状图，还是能摆出多种立体图形，不能确定它的形状。

师：那你觉得，还需要什么条件才能确定立体图形的形状？大家课后思考一下。

在实践操作的过程中，学生一步步深入，从不同方向观察同一物体的变化，从小正方体数量增加引起观察结果的变化中似乎又能发现其中的不变。力求在各个环节上体现"想象"，即观察中想象、操作中想象、应用中想象，帮助学生经历从具体到抽象、从三维图形到二维图形、从二维图形再到三维图形的活动过程。教师适时质疑，促进学生深度反思，不断激发学生的灵感、智慧和创新思维。形状大小相同的平面直观图搭建而成的立体图形却不同，这一问题本身就具有较强的思考性和挑战性。学生在操作之后，本身无法留痕，只能在头脑中进行表象操作，这个过程恰好是发展学生空间观念的重要过程。在课堂中多次让学生同桌交流、全班交流，在一次次交流与辨析中，培养了学生的表达能力，发展了学生的思维，有效地培养了学生的空间想象能力。

弗赖登塔尔指出，几何是对空间的把握——这个空间是儿童生活、呼吸和运动的空间。在这个空间中，儿童必须学会了解、探索、征服，从而能更好地在其中生活、呼吸和运动。在教学时，让学生切实参与完整的观察、操作、想象、推理、归纳等过程，并落实在每一节常态课中，注重阶段性发展目标，逐步推进，逐步积累，协调发展，学生的空间观念才能真正形成。

第七章

合情演绎，
让推理意识可见

推理意识主要是指对逻辑推理过程及其意义的初步感悟。知道可以从一些事实和命题出发，依据规则推出其他命题或结论。能够通过简单的归纳或类比，猜想或发现一些初步的结论；通过法则运用，体验数学从一般到特殊的论证过程；对自己及他人的问题解决过程给出合理解释。推理意识有助于养成讲道理有条理的思维习惯，增强交流能力，是形成推理能力的经验基础。

——《义务教育数学课程标准（2022年版）》

小时候学过的课文"看云识天气"中说:"朝霞不出门,晚霞行千里。"少年偏执的我,背地里观察验证了好几次,发现很准,觉得真是神奇。长大后才知道,这句耳熟能详的气象谚语实际上是人们在日常生活中经过长时间观察、归纳、验证所积累的经验,人类就是经过这样的探索过程了解自然界规律的,这样的一种思维方式就是推理。

推理一般包括合情推理和演绎推理。合情推理是从已有的事实出发,凭借经验和直觉,通过归纳和类比等推断某些结果;演绎推理是从已有事实和确定的规则出发,按照逻辑推理的法则证明和计算。在解决问题的过程中,两种推理功能不同,相辅相成:合情推理用于猜想、探索思路,发现结论;演绎推理用于证明结论。根据以上分析,将推理的类型整理成如下的关系图。(见图7-1)

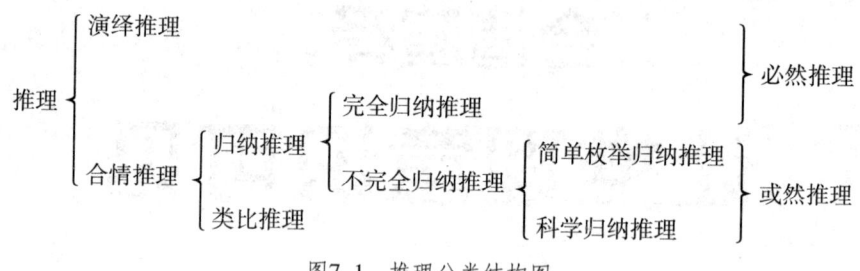

图7-1 推理分类结构图

在推理教学过程中,教师要始终关注学生数学推理活动经验的积累,注重发现策略和方法的培养训练,鼓励他们努力探索、努力发现、努力创造,对学生的创新成果给予积极的肯定和扶持,营造有益于学生推理素质提高的课堂氛围和环境,唤醒学生探索动力,引导学生运用推理方法解决实际问题,帮助学生学会自主地进行推理探索,突出"猜想"与"验证"环节,让学生在经历运用合情推理寻找突破口、运用演绎推理证明结论的推理过程中,逐步建构符合时代要求的数学推理方式并培育创新精神。合情推理一般模式如图7-2所示。

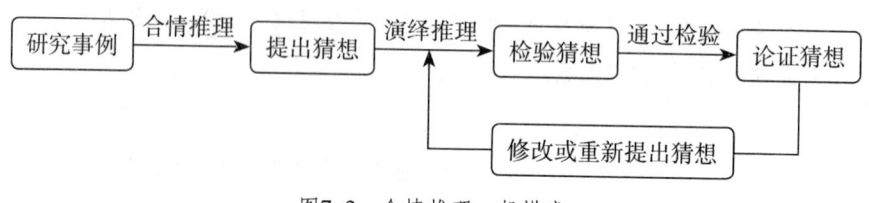

图7-2 合情推理一般模式

小学阶段的推理能力培养主要指合情推理，课标对第一学段与第二学段的合情推理能力培养提出了相应的具体要求。（见表7-1）

表7-1　合情推理目标要求

学段	目标要求
第一学段	在观察、操作等活动中，能提出一些简单的猜想
第二学段	在观察、实验、猜想、验证等活动中，发展合情推理能力，能进行有条理的思考，能比较清楚地表达自己的思考过程与结果

教师在教学中培养学生合情推理能力的一般模式如图7-3所示，问题驱动环节是指教师通过创设与内容相关的问题情境，向学生呈现客观现象，学生通过对该现象的观察，将注意力转移到情境上，激发探索新知的兴趣；多元探究环节中的多元是指多层次、多内容、多形式，如教师的教学方法多元、助学方式多元、学生的学习方法多元。

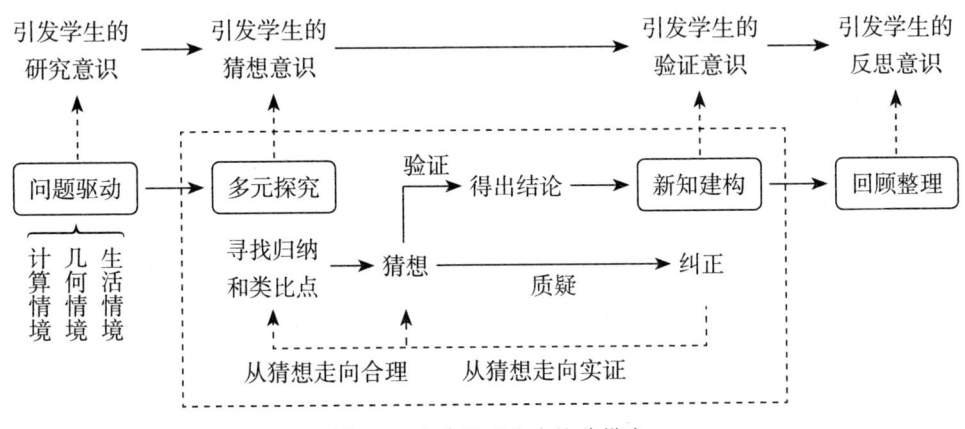

图7-3　合情推理能力培养模式

教师根据情境设置一些简单的问题，帮助学生对已经学过的内容进行回顾、整理和分析，并与新知建立联系，再引导学生借助类比、归纳等方法对新知的结果进行猜想；最后通过探究活动进行合理化猜想，若存在疑问，可以将猜想进行修正，并重新进行猜想或验证，直至结论合乎数学情理。这样的培养过程有助于学生积累丰富的经验，并使学生学会主动地将已有经验与新问题建立联系，进而获得合理的猜想，并通过不断验证得出结论。

一、推理素材，激活探究思考

小学数学教材中，数学公式、法则、性质的发现过程不仅是数学家智慧的体现，也是进行数学合情推理的典范，为教师展示合情推理提供了取之不尽的素材。因此，教师要挖掘教材，选择适宜的学习材料，认真研究其思维结构，寻找培养学生数学合情推理能力的生长点。

培养学生的合情推理能力，关键在于教师。教师应首先创造合情推理的需要和机会，要有意识地选择一些典型的、可以进行合情推理的情境和材料，创设具有一定合理自由度的思维空间，要突出问题（应有一定的难度和开放性），把问题放在"需要"与"认知结构"矛盾的风口浪尖，同时注意对学生情绪背景的创设。情境的创设应满足：可能导致发现；一定的趣味性；便于学生参与，但要防止学生看了教材上的结论一语点破。下面对小学数学教材"探索规律"中出现的合情推理作以分析。

一年级没有设置"数学广角"模块，但通过"找规律"这一单元，学生可以观察给定图形中人和物的排列特点，说出这些实物的排列规律。通过小朋友们举办联欢会的具体情境，引导学生观察小朋友以及灯笼的摆放特点，通过旁白的提示，归纳出排列规律，培养学生的合情推理能力。

二年级安排的"搭配（一）"先出示问题，学生通过配组方法，初步感悟搭配的有序性；三年级安排的"搭配（二）"则是在学生经历了简单搭配的基础上，改变问题的条件，将三个元素扩大为四个元素，学生类比猜想经历合情推理的过程，迅速抓住问题的特征，自主构建数学模型，找到解决问题的方法。

三年级上册安排的"集合"主要是结合生活实际，引导学生初步体会集合的思想，通过统计表列出参加语文和数学小组的学生名单，通过观察统计图，引发学生的认知冲突，让学生猜想参加两个小组的人数与总人数不符的原因，根据教材给出的连线图和韦恩图，利用集合图来解决这个问题，并进一步掌握解决此类问题的规律。

四年级上册的"优化"以"沏茶问题"为例，引导学生思考如何安排沏茶的各个步骤才更加合理，以小组探究的形式观察、思考沏茶的各个程序所需时间，通过具体的操作和实验，归纳出如何安排才能使客人尽快喝到茶。

四年级下册安排的"鸡兔同笼"问题，其结构特点对于四年级的学生来说是生疏的，列表法学生容易理解，假设法可能会存在困难，因此教学时，教师要借助画图帮助学生理解算理，让学生在观察头和脚的数量之后，按照"如果笼子里都是鸡"的方法进行猜想，得出鸡和兔的只数，并通过验证等活动得出鸡兔只数，在这样的过程中，发展合情推理能力，初步判断结果的合理性。

五年级上册的"植树问题"安排学生运用线段图和简单的数模拟栽树，从而发现树的棵数比间隔数多1的规律，再引导学生分析两端不栽树和封闭图形栽树两种情况。在经历了第一种情况的基础上，可以让学生通过类比线段图的形式进行观察和联想，发现不同情况下有关"植树问题"的规律。

五年级下册安排的"找次品"教材设计了找劣质钙片的问题，并以一种有层次的、丰富的探究活动为导向，让学生在自主探索中逐步进行归纳，先从简单的2个入手，让学生感知基本的推理过程，即"如果天平平衡……，如果天平不平衡……"然后比较分析，寻找规律，进行验证，归纳出最有效的策略。

六年级上册的"数与形"是最能体现探索规律内容特征的一个单元，也是渗透合情推理的集中体现。教材呈现了两道例题：第一道例题展示了一组正方形和对应的算式，学生根据三幅图的特点，容易得出等式右边的未知数，然后通过类比得出后续复杂算式右侧的未知数。第二道例题教材给出算式，学生通过观察发现加数之间的排列规律，即和的分母与算式中最后一个加数的分母一致，且分子总是比分母小1。但由于算式是无限的，因此通过画图的方法进一步发现结果为1。从这两道例题可以看出，学生在探索规律的过程中通过观察给定事物的特点，采用归纳、类比等方法，猜想其中所蕴含的规律，合情推理的应用恰到好处。

六年级下册设置的"鸽巢问题"是抽屉原理的简单应用，抽屉原理一般要用反证法进行严格的证明，小学阶段虽然不需要学生对该原理的相关现象给出严格的、形式化的证明，但仍可引导学生用直观的方式对某一现象进行合情合理的解释。例如教材例3，教师在呈现问题后，可以让学生分组讨论，采用猜一猜、画一画等方法，借助学具、实物或草图进行说理，感受合情推理的过程。

二、推理路径，驱动质疑思辨

小学生的合情推理能力的发展既存在年龄特征，又表现出个体差异，随着年龄的增长，他们的合情推理能力将不断增强。因此，适当地进行合情推理教学，有利于小学生思维水平的发展，甚至可以提前产生质变。无论是学习新知识，还是利用已有知识解决新问题，如果能够把新知识和新问题与已有的相类似的知识进行类比，进而找到解决问题的方法，这样就实现了知识和方法的正迁移。因此，教学中教师要引导学生经历合情推理的过程。这样既有利于学生理解知识及其背后的原理，也有利于提高学生的思维水平和数学素养。

观察、实验、猜想、验证、反思是学生进行合情推理的几个重要环节。但我们仍需结合具体内容进一步细化思考：怎样引导学生学会观察？如何用数学语言描述观察的结果、提出猜想？对自己或同伴的猜想，如何从多个角度去思考、辨析其正确与否？在经由合情推理获得结论的基础上，又如何让数学思考及合情推理能力获得更进一步的发展。

1. 看：有顺序观察

观察并不是简单地看，应该伴随着主动性与目的性，是有意识、有方法地看。观察些什么？教师应根据教学内容、教学目标的需要，开门见山，直奔主题，为学生提供丰富的观察材料，并有意识地将学生无序、无目的的观察引导至相应的研究内容上来。

怎样观察？教师应该着重培养学生用联系的观点去观察发现。归纳是认识从个别上升到一般的过程。问题的提出、规律的初步发现，即从众多个别事物都具备某一特征而推断这一类事物具备这一共同特征。联系的观点可以让学生跳出单一的、形式化的观察，转为从横向、纵向等多个维度去考量事物本身及相互间的联系，有助于学生从直觉思维向理性思维的过渡。

> **案例链接**
>
> **3的倍数的特征——观察**
>
> 师：我们研究过哪些数的倍数的特征？
>
> 生：2，5的倍数的特征。
>
> 师：是怎样进行探究的呢？
>
> 生：先在"百数表"中圈出一些2或5的倍数，仔细观察后，再举例验证。
>
> | 1 | 2 | 3 | 4 | 5 | 6 | 7 | 8 | 9 | 10 |
> |---|---|---|---|---|---|---|---|---|---|
> | 11 | 12 | 13 | 14 | 15 | 16 | 17 | 18 | 19 | 20 |
> | 21 | 22 | 23 | 24 | 25 | 26 | 27 | 28 | 29 | 30 |
> | 31 | 32 | 33 | 34 | 35 | 36 | 37 | 38 | 39 | 40 |
> | 41 | 42 | 43 | 44 | 45 | 46 | 47 | 48 | 49 | 50 |
> | 51 | 52 | 53 | 54 | 55 | 56 | 57 | 58 | 59 | 60 |
> | 61 | 62 | 63 | 64 | 65 | 66 | 67 | 68 | 69 | 70 |
> | 71 | 72 | 73 | 74 | 75 | 76 | 77 | 78 | 79 | 80 |
> | 81 | 82 | 83 | 84 | 85 | 86 | 87 | 88 | 89 | 90 |
> | 91 | 92 | 93 | 94 | 95 | 96 | 97 | 98 | 99 | 100 |
>
> 师：2或5的倍数有什么特征呢？
>
> $生_1$：2的倍数个位上是0，2，4，6，8。
>
> $生_2$：5的倍数个位上是0或5。
>
> 师：3的倍数又会有什么特征呢？

复习2，5的倍数的特征的探究过程，唤醒学生已有的知识经验和探究经验。类比猜想时可能产生的负迁移对学生来说是合理且自然的，教师充分尊重学情，不仅关注了"猜什么"，还关注了"怎么猜"。

2. 想：有条理猜想

小学生天生敢想、敢说、敢问，他们思维的抽象性和逻辑性正处在逐步发展的过程中，有时也会随心所欲地凭空臆想。教师要引导学生以事实、经验为基础，由此及彼，积极猜想，大胆假设。小学数学中，猜想往往都是经过证明为真的数学结论，是导致某一现象的原因之一。猜想的提出过程正是培养学生自信、大胆表达，让思维由内隐走向外显，由直观走向理性的最佳契机。

猜想，让学生说之有据，教学时，教师应引导、鼓励学生将观察结果外化为自己的语言表述。即使是那些不全面、不准确，甚至在教师看来是错误的想法，对学生而言，都是弥足珍贵的。教师切不可因其缺乏与结论足够的近似，甚至是相左，而弃之不理；要站在学生的立场，理解、接纳、欣赏其中的闪光点，因为这是他们走向"发现"最重要的一步。

案例链接

3的倍数的特征——初次猜想

师：你们不妨试着写几个3的倍数并大胆地猜想一下。

生$_1$：我觉得3的倍数个位上是0，1，2，3，4，5，6，7，8，9。

师：你是看个位来猜想的。

生$_2$：3的倍数是3依次乘1，2，3，4，…得到的结果。

师：把你的想法写下来。

生$_3$：3的倍数个位上是3，6，9。

师：你也是看个位进行猜想的。

著名数学家、教育家G.波利亚在《数学与猜想：数学中的归纳和类比》中指出："猜想是合理的，值得尊敬的，是负责任的态度。"猜想是合情推理，常常看似合情合理，结论好像是、应该是对的，实际上却可能是对的，也可能是错的。继研究2，5的倍数的特征之后研究3的倍数的特征，学生很自然地从类比猜想开始。如何让学生获得类比猜想可能无效的体验，让学生生成碰壁后改变探究策略的宝贵经验？

复习2，5的倍数的特征的探究过程唤醒了学生已有的知识经验和探究经验。类比猜想时可能产生的负迁移对学生来说是合理且自然的，教师充分尊重学情，不仅关注了"猜什么"，还关注了"怎么猜"，让类比和观察引发猜想同时进行，即使学生提出的"3的倍数是3依次乘1，2，3，4，…得到的结果"并不是猜想，教师也顺势记录，体现了以学定教、顺学而导。

3. 修：精准证误

在学生尝试提出自己的猜想后，教师可以引导其在相互交流、学习的基础上，从猜想的适用范围、表述的准确性等方面作出优化。应特别注意的是，即使是"错误"的猜想，仍应经过"证误"的过程，而不是在此环节中轻易否定。因为"错误常常是我们走向真理的向导"。

案例链接

3的倍数的特征——初次证误

师：请拿出"百数表"，圈出3的倍数，对照这些猜想开始验证吧！

猜想	个位上的数是3，6，9	看个位
	个位上的数是0~9	
	3依次乘1，2，3，4，…所得的数	

师：先看第一条猜想，合理吗？说一说理由。

生：我认为合理，如93，96，99都是3的倍数。

师：她举的这些数都是3的倍数，个位上也的确是3，6，9，像这样的例子叫正例，她用正例阐述了支持的理由。有不一样的想法吗？

生：我认为这个猜想是错的，因为13，16，19的个位上也是3，6，9，但它们都不是3的倍数。

师：那有没有一些数是3的倍数，个位上却不是3，6，9的呢？

生：24，30，15。

师：听了这个同学的举例，你们有什么发现？

生$_1$：这些数都是3的倍数，但个位上却不是3，6，9。

生$_2$：这条猜想是错误的。

师：刚才两个同学举出了不符合猜想的反例（板书：反例），这样的反例在"百数表"中还有吗？

生：还有很多。一个反例就足以把猜想推翻。

师：由此看来，举例验证时不仅要正例，还要反例，而且只要找到一个反例即可（因为一个反例就足以反驳）。

师：我们来看第二条猜想。

生：我觉得这个也是错的。因为100的个位是0，但它不是3的倍数；还有28，29的个位是8，9，但它们也不是3的倍数。

师：看来，我们得换个角度来研究。再看第三条，思考的角度变了，依据它能很快判断一个数是不是3的倍数吗？比如，7855是不是3的倍数呢？

生：不能。这只是找3的倍数的方法，算不上对3的倍数的特征的猜想。

教师对学生的猜想没有作出肯定或否定的回答，而是组织学生逐条验证，在经历推翻猜想的过程中学生明白了什么是正例、什么是反例。教师重点从"命题的否定"的角度来引导学生用反例反驳，让学生获得了类比可能无效的真实体验。同时，引导学生明白了"3依次乘1，2，3，4，…得到的结果"不是针对特征的猜想，而是进一步加深了对3的倍数的含义理解。

4. 验：全面理性验证

在探索规律的学习中，举反例来验证已有猜想，简单易行也最有说服力。所以，教学时，虽然能找出大量正面的例子，但一旦找到一个反例，即可证明结论不成立，反例证明是演绎推理的一种重要形式。学生有意识地找寻反例，有助于其思维全面性和批判性的初步形成。虽然合情推理中的"验证"大多不能遍历全部对象，但仍应注意引导学生运用"分类"思想，使例证尽可能全面、丰富，进而使结论更加可靠。

> **案例链接**

3的倍数的特征——再次猜想

师："听音辨数"时，（计数器上拨珠）听音时你听到了什么？

生：拨了三颗珠子。

师：三颗珠子可以拨出很多数，老师选出其中3个数，这些数都是3的倍数吗？

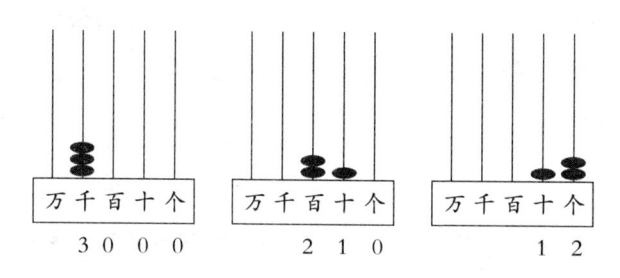

|万 千 百 十 个| |万 千 百 十 个| |万 千 百 十 个|
|3 0 0 0| |2 1 0| |1 2|

生：都是。

师：再来听，（继续拨数）拨了几颗珠子？

生：4颗。

师：这些数都是3的倍数吗？

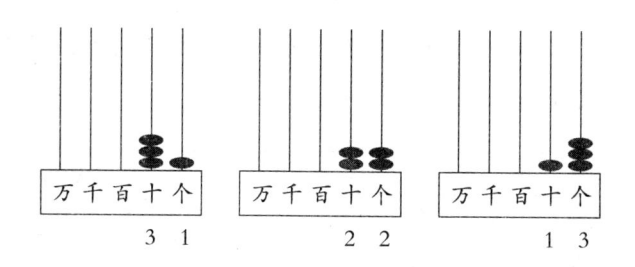

|万 千 百 十 个| |万 千 百 十 个| |万 千 百 十 个|
|3 1| |2 2| |1 3|

生：不是。

师：3颗珠子拨出的这些数都是3的倍数，而4颗珠子拨出的这些数都不是3的倍数。再听音。

师：（继续拨数）拨了几颗珠子？

生：6颗。

师：没有看到拨出的数，那它们是不是3的倍数呢？

生：是的，肯定是。

师："听音辨数"时，老师有可能是根据什么来判断呢？

生：是根据拨了多少颗珠子来判断的。（师板书：所用珠子的个数）

师：现在，你会有什么猜想？

$生_1$：一个数是3的倍数，所用珠子的个数是3的倍数。（师板书：是3的倍数）

$生_2$：一个数不是3的倍数，所用珠子的个数也不是3的倍数。

师：好的，我们提出了新的猜想，接下来怎么做？

生：举例验证。

学生换个角度重新猜想时，这是学生的思维起点重启。教师通过重温"听音辨数"给了学生有向思考，引导学生关注"拨珠的个数"，通过定性、定量，学生很自然地提出了新猜想。

案例链接

3的倍数的特征——再次验证

师：请拿出"百数表"和一些连续多位数组成的数表，根据活动要求，同桌开始验证。

1	2	③	4	5	⑥	7	8	⑨	10
11	⑫	13	14	⑮	16	17	⑱	19	20
㉑	22	23	㉔	25	26	㉗	28	29	㉚
31	32	㉝	34	35	㊱	37	38	㊴	40
41	㊷	43	44	㊺	46	47	㊽	49	50
(51)	52	53	(54)	55	56	(57)	58	59	(60)
61	62	(63)	64	65	(66)	67	68	(69)	70
71	(72)	73	74	(75)	76	77	(78)	79	80
(81)	82	83	(84)	85	86	(87)	88	89	(90)
91	92	(93)	94	95	(96)	97	98	(99)	100

第七章　合情演绎，让推理意识可见

391	392	㊟393	394	395	㊟396	397	398	㊟399	400
401	㊟402	403	404	㊟405	406	407	㊟408	409	410
㊟411	412	413	㊟414	415	416	㊟417	418	419	㊟420
421	422	㊟423	424	425	㊟426	427	428	㊟429	430

活动要求：（课件出示）

	所选数	所用珠子的个数（算式）	所用珠子的个数是否是3的倍数
是3的倍数	27	2+7=9	是

	所选数	所用珠子的个数（算式）	所用珠子的个数是否是3的倍数
不是3的倍数			

① 找：在数表中任意找几个数。

② 拨：在计数器上拨一拨。

③ 算：算出各用了几颗珠子，并完成记录表。

④ 比：比对一下验证结果与猜想是否一致。

师：先来看是3的倍数的数，谁来说一下？

生：651是3的倍数，所用珠子的个数是12，是3的倍数。

师：再看其他是3的倍数的数，所用珠子的个数都是3的倍数吗？

生：是的。

师：符合猜想吗？

生：符合。

师：有没有所选的数是3的倍数，但所用珠子的个数却不是3的倍数的？

生：没有。

师：没出现反例，说明了什么？

生：如果一个数是3的倍数，它所用珠子的个数一定也是3的倍数。

师：再看不是3的倍数的数，又是什么情况呢？

129

> 生：所用珠子的个数都不是3的倍数。
> 师：符合之前的猜想吗？
> 生：符合。
> 师：你们的举例中有没有出现反例？这又说明了什么？
> 生：没出现反例，这说明猜想是正确的。
> 师：也就是说"所用珠子的个数是3的倍数，这个数就是3的倍数"。

再次验证猜想时，采用小组合作探究的形式，同时呈现了"百数表"和一些多位数组成的数表，通过"找""拨""算""比"四个活动，引导学生先研究"3的倍数所用珠子的个数是不是3的倍数"，得出结论"一个数是3的倍数，它所用珠子的个数是3的倍数"。随后又研究得到"一个数不是3的倍数，它所用珠子的个数就不是3的倍数"，依据形式逻辑"原命题和逆否命题等价"，即"所用珠子的个数是3的倍数，这个数就是3的倍数"。这样的教学过程严格遵循教材的逻辑线索，不仅让学生参与了多维的探究过程，更是培养了学生的逻辑思维。

经过两次猜想与验证，学生已形成举例验证的经验，并展开了举例反驳、自主辩论的过程。在学生大胆猜想后呈现"百数表"，为学生验证自己的猜想提供了合适的路径，促使学生自觉探究，同时"百数表"中充实的数据也为学生提供了丰富的例证，避免了自主探究的无序与无效，成为学生思维探究的有效工具。在课堂上，学生通过举正例或反例来验证猜想，在"只要一个反例，就足以把猜想推翻"的经验生成中，体验到了合情推理的或然性，自然生出"看个位不能找到3的倍数的特征"的冲突，在思维即将陷入僵局时催生了"必须换个角度重新猜想"的想法，为后续的学习开展打下基础。

三、理解内涵，交织合情演绎

由于合情推理得出的结论具有或然性（不可靠），所以数学研究特别重视演绎推理，从而追求结论的必然性（可靠），追求理解本质内涵，让学生明白

"为什么",这也是数学研究理性精神最重要的体现。虽然小学生的思维以具体形象思维为主,但是在高年段,学生的抽象逻辑思维已经开始发展。因此,教师在教学中可以适当引导学生开展演绎推理,即从已有知识(结论)出发,依据逻辑规则进行推理,使学生走出主要依靠经验和直觉的合情推理的局限,从而更加严谨地思考问题。通过演绎推理,学生能够提炼数学知识的本质属性,从而去粗取精、去伪存真、由表及里。

就学好数学或发展智力而言,合情推理和演绎推理都是不可或缺的。当儿童思维中合情推理和演绎推理处于有机统一的状态时,他们才真正具备了抽象逻辑思维能力。在教学中,教师要引导学生用有根据、有条理的数学语言表述推理过程,体会演绎推理的思想,发展思维的严谨性和连贯性。语言的表达是由思维决定的,反之,语言也能促进思维的发展,让思维更富有逻辑性,有条理、有根据地进行语言表达能提高思维的敏捷性和灵活性。

在小学高年级的数学教学中,教师应该重视合情推理和演绎推理的有机结合,即在合情推理中运用演绎推理,以提高合情推理的"可靠性"。我们认为,在学生的思维过程中,演绎推理和合情推理总是交错进行的,而并不像逻辑上划分得那么清楚,思维的过程往往从合情推理开始,由演绎推理论证,再通过合情推理推广,如此循环。

学生进行数学学习,既需要科学、严谨的演绎推理,也需要不那么严谨却又是发现、创造中必不可少的合情推理。从功能上看,演绎推理是"论证"的手段,合情推理是"发现"的工具;从阶段上看,合情推理是演绎推理的前奏,演绎推理是合情推理的升华。它们就像数学思维的两翼,缺一不可。例如,3的倍数的数学依据是数论中同余的基本性质,即 a、b 关于模 m 同余,等价于存在某个整数 q,使 $a=b+qm$。例如,$12=1×10+2=1×(9+1)+2=1×3×3+(1+2)$,所以12和(1+2)关于3同余,这样的演绎论证过程我们很难呈现给五年级的学生。在教学中,教师利用方块图圈一圈、看一看、想一想,使学生对3的倍数的特征获得最朴素的理解。而2,5的倍数的特征同样借助于方块图呈现,让学生直观理解了其本质内涵,明晰了知识之间的联系,有助于学生既能知其然又能知其所以然,推理思维自然从"合情"走向"演绎"。

案例链接

3的倍数的特征——执果索因

师：学习到这儿，你们还有什么疑问吗？

生：为什么判断一个数是不是2或5的倍数时只要看个位，而判断是不是3的倍数时，却要看各个位上数的和呢？

师：好问题。我们就借助图来一探究竟。先从5的倍数开始，以15为例，用方块图表示15（见下图），你能说一说判断时为什么只要看个位吗？

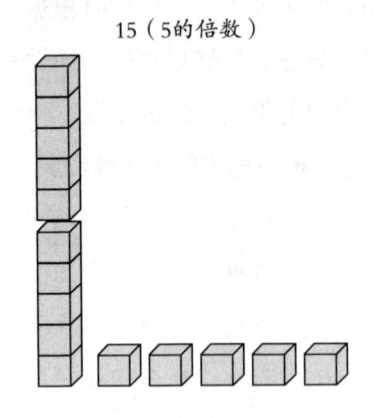

15（5的倍数）

生：因为十位上的十是5的倍数，不管几个十都是5的倍数，所以只要看个位。

师：再看2的倍数（见下图），看明白了吗？

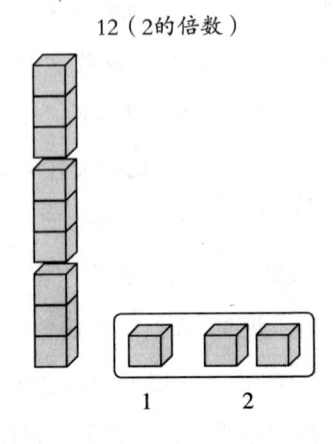

12（2的倍数）

1　　2

生：道理一样。

师：判断一个数是不是3的倍数时为什么要看各位上数的和呢？我们继续在图上圈一圈、想一想。以下图为例，几个一圈？

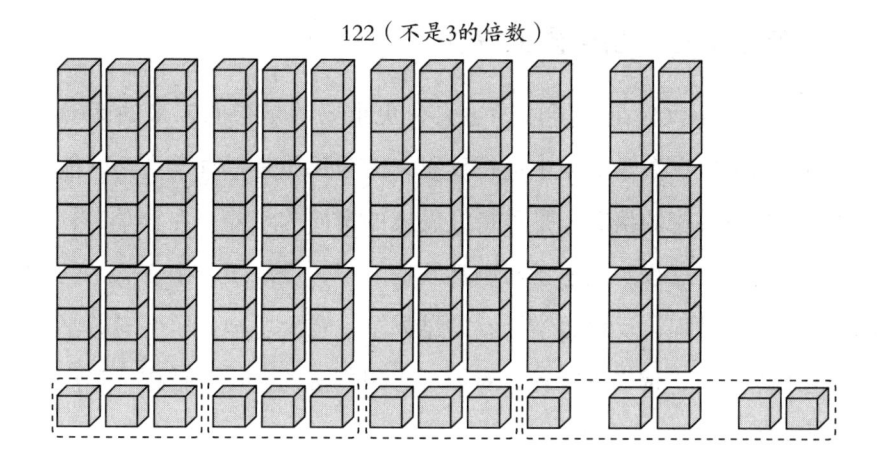

122（不是3的倍数）

生：3个。

师：发现了什么？

生：十位上余下了1个方块。

师：接下来怎么办？

生：把十位上余下的1个方块和个位上的2个方块合起来也是3的倍数，12就是3的倍数。

师：类推到三位数，继续圈一圈、看一看、想一想。你发现了什么？

生：百位上的方块余下1个，十位上的方块余下2个，把百位余下的1个、十位余下的2个以及个位上的2个合起来看，不是3的倍数，122就不是3的倍数。

师：这就是为什么要依据"各位上数的和"来判断3的倍数了。

史宁中教授指出：数学的结果是"看"出来的而不是"证"出来的，学生的思维特点决定了在小学数学教学中培养学生的推理能力应当充分利用直观。学生在经历"类猜失败—再次猜想—举例验证—得出结论"的真实体验后，追

133

问：为什么判断一个数是不是2或5的倍数时只要看个位，而判断是不是3的倍数时，却要看各个位上数的和呢？这是学生最迫切的追问。教师采用直观说理的方式，通过对方块图圈一圈、看一看、想一想，生动、深刻地让学生看得清、悟得透。

四、推理反思，引导再证提质

反思的目的不仅仅是为了回顾过去，更重要的是指向未来的活动。应重视引导和激励学生在数学活动中进行反思，因为反思是一种学会学习能力的培养，是一种学习潜能的培养，是可持续发展的素质的培养。在教学中，要求学生反思自己的思考过程，反思学习中涉及的知识，反思学习中有联系的问题，反思题意的理解过程，反思数学活动的结果……在反思中，学生对数学知识的认识会越来越深刻、越来越完善，对数学思想方法的认识、把握、运用的水平就会不断提高。

在教学"3的倍数的特征"时，教师可以引导学生反思："刚才我们是怎样发现规律的？"学生在反思中可能会说出探究问题的过程"先……再……"，也可能说出自己在学习过程中听取了哪些同学的意见，受到了哪些启发，还可能有的学生会根据所学习的内容进行质疑，寻找新的思路、方法。学生在自我反思认知的过程中，重建认知结构，使其与原有知识的逻辑联系更明晰，使某些"技巧"上升为"方法"，使一些有意义的经验、思想得到及时提取。长此以往，在反思性学习中，学生的推理水平一定会得到质的飞跃。

案例链接

3的倍数的特征——回顾反思

师：现在回顾一下这节课我们研究了什么？

生：研究了3的倍数的特征。

师：你有哪些收获呢？

生：一个数如果是3的倍数，各个位上数的和一定是3的倍数。

第七章　合情演绎，让推理意识可见

师：我们又是怎样一步步探究得出3的倍数的特征的呢？
生：先猜想，再举例验证，如果验证的过程中出现反例，表明猜想不成立，需要重新猜想、举例验证，最后得出结论。
师：带着这些收获，我们再次回看"百数表"。看了2，5，3的倍数的分布有什么想说的？

1	②	3	④	5	⑥	7	⑧	9	⑩
11	⑫	13	⑭	15	⑯	17	⑱	19	⑳
21	㉒	23	㉔	25	㉖	27	㉘	29	㉚
31	㉜	33	㉞	35	㊱	37	㊳	39	㊵
41	㊷	43	㊹	45	㊻	47	㊽	49	㊿
51	㋒	53	㋔	55	㋖	57	㋘	59	⑳
61	㋢	63	㋤	65	㋦	67	㋨	69	⑳
71	㋲	73	㋴	75	㋶	77	㋸	79	⑳
81	㋂	83	㋄	85	㋆	87	㋈	89	⑳
91	㋚	93	㋜	95	㋞	97	㋠	99	⑩

1	2	3	4	⑤	6	7	8	9	⑩
11	12	13	14	⑮	16	17	18	19	⑳
21	22	23	24	㉕	26	27	28	29	㉚
31	32	33	34	㉟	36	37	38	39	㊵
41	42	43	44	㊺	46	47	48	49	㊿
51	52	53	54	㊻	56	57	58	59	⑳
61	62	63	64	㋕	66	67	68	69	⑳
71	72	73	74	㋵	76	77	78	79	⑳
81	82	83	84	㋅	86	87	88	89	⑳
91	92	93	94	㋝	96	97	98	99	⑩

1	2	③	4	5	⑥	7	8	⑨	10
11	⑫	13	14	⑮	16	17	⑱	19	20
㉑	22	23	㉔	25	26	㉗	28	29	㉚
31	32	㉝	34	35	㊱	37	38	㊴	40
41	㊷	43	44	㊺	46	47	㊽	49	50
(51)	52	53	(54)	55	56	(57)	58	59	(60)
61	62	(63)	64	65	(66)	67	68	(69)	70
71	(72)	73	74	(75)	76	77	(78)	79	80
(81)	82	83	(84)	85	86	(87)	88	89	(90)
91	92	(93)	94	95	(96)	97	98	(99)	100

生：2，5的倍数都分布在竖列上，3的倍数都分布在斜行上。

师：因此，从2的倍数的特征“看个位”，猜想5的倍数的特征也是“看个位”是正确的。可是猜想3的倍数的特征“看个位”行得通吗？

生：行不通，3的倍数都在斜行。

师：所以需要换个角度重新按照之前的探究方法继续探究。带着这样的经验，还想探究其他数的倍数的特征吗？

生：想，如研究9的倍数的特征……

师：就让我们带着这节课的经验继续去探秘数的世界吧！

从数学本身看，数学推理反映的是一种基本的数学思想，也是一种主要的数学方法，它与数学证明紧密关联，共同构成了数学最重要的基础。当然，小学数学的学习离不开推理，而且随着知识的积累、年级的升高，运用已知获得新知的需要会逐步增加，所以要让学生在数学学习中，逐步体验、领悟推理的方法，积累推理的经验，逐步发展推理能力，形成推理意识。

第八章

品味数据，
让蕴含的信息可见

数据意识主要是指对数据的意义和随机性的感悟。知道在现实生活中，有许多问题应当先做调查研究，收集数据，感悟数据蕴含的信息；知道同样的事情每次收集到的数据可能不同，而只要有足够的数据就可以从中发现规律；知道同一组数据可以用不同方式表达，需要根据问题的背景选择合适的方式。形成数据意识有助于理解生活中的随机现象，逐步养成用数据说话的习惯。

——《义务教育数学课程标准（2022年版）》

在2006年德国世界杯上，在八进四的一场比赛中，德国队和阿根廷两个强队狭路相逢。比赛很精彩，双方都拼尽全力，打成了平局，进入点球大战。德国守门员莱曼，在阿根廷射出的四个点球中扑出了两个，最后以4∶2的成绩为德国队赢得了胜利。事后莱曼给记者们展示了一张小纸条，纸条是他的守门员教练用酒店的便签给他写下的阿根廷队最有可能罚点球的7个人的射门方法和位置。前四个出场的都在这7个人当中，判断完全准确。这张纸条上的信息是从哪里来的呢？是莱曼的教练根据球员们在所有比赛中的数据而分析得到的（见图8-1）。

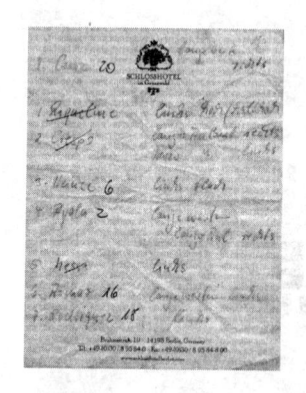

1. 里克尔梅，习惯射向球门左侧上角。
2. 海因茨，习惯射向球门左侧下角。
3. 阿亚拉，长时间停顿，长距离助跑，习惯射向球门右侧。
4. 梅西，习惯射向球门左侧。
……

图8-1　德国队和阿根廷点球大战

从上面的小故事可知，这就是统计的价值。也就是说，当遇到问题时，能够自觉地想通过收集数据、分析数据的方式去解决问题。换言之，首先，一个具有数据意识的人，就能知道许多问题可以通过统计解决，而不至于束手无策。其次，只具有数据意识是远远不够的，更重要的是在统计的全过程中培养统计思维，提高统计能力。在统计的教学中，要避免走上"为了统计而统计"的歧途。其实，统计只是手段和策略，而决策才是目的与归宿。只有让学生亲身参与用统计的方式解决实际问题的全过程，他们才会深刻地体会到统计对决策的价值，在以后遇到问题时也会更加自觉地选用统计的方法解决问题。最后，面对社会上的虚假数据和不实信息，学生要具有基本的辨别力。我们强调用数据说话，但并不意味着对数据盲目相信，因此，要能基于自己的生活经验与常识，对数据及数据分析的结果质疑。

2012年，奥巴马政府就将数据定义为"未来的新石油"，并将"大数据战略"上升为国家意志。当今社会正在向"大数据时代"迅速迈进，"大数据"为人们提供了一种全新看待世界的方法，即基于事实和数据作出决策。数据已经渗透到各个行业和我们的日常生活，如麦当劳、肯德基以及苹果公司旗舰专卖店的位置都是建立在数据分析的基础上，各种APP会根据使用者的喜好推送相关信息和内容。数据分析能力也正在成为核心竞争力。

数据统计分析就是了解在现实生活中，有许多问题应当先做调查研究，搜集数据，通过分析作出判断。体会数据中蕴含的信息，了解对于同样的数据可以有多种分析的方法，需要根据问题的背景来选择合适的方法，通过数据分析体验随机性。一方面对于同样的事物，每次收到的数据可能不同，另一方面只要有足够的数据，就可以从中发现规律。定义阐述了三方面的内容：一是认识数据的价值（数据中蕴含着信息）；二是了解数据分析的方法（多样性和适用性）；三是体验数据的特点（随机性）。也就是，数据分析统计=数据收集+数据整理描述+数据分析判断+认识随机性。

一、挖掘数据，现实生活尽显

统计教学素材的选择不仅影响学生参与统计活动的兴趣，而且影响学生统计意识的形成以及对数据分析价值的感悟。因此，教师在教学素材的选择方面要足够重视，所选素材要做到"新""近""真"，即要选择新颖有趣的、贴近学生现实生活的、真实可信并有应用价值的素材。只有这样，才能让学生体会到统计源于实际生活的需要。

人教版小学数学教材在"统计与概率"中创设的问题情境与学生的日常生活有着千丝万缕的联系，都以解决现实问题为切入点，如选择校服颜色、某月的天气状况、最喜欢的运动项目……学生在问题解决的过程中获得了数据收集、整理和分析的真切体验和相关技能，激发了他们的学习兴趣。同时，还可以学以致用，学生自觉地运用学到的知识、经验、原理等解决现实生活中的其他问题，完成知识经验的正向迁移。数据源于生活，数据分析观念的培养如果脱离现实生活就会成为无源之水，无本之木。

培养学生的数据分析观念，首先要让其产生对数据的亲切感。这样才能激发学生的探究欲望，才能使他们兴致盎然地参与学习活动。要让学生亲近数据，一方面教师要选择合适的素材，选择符合学生年龄特点的，与学生日常生活密切相关的内容，以激发学生的兴趣。另一方面是要让学生感受到数据分析的价值，素材的选取要让学生觉得进行统计和数据分析是必需的，这样学生才能积极投身于学习活动中。

体会数据中蕴含的信息是培养学生数据意识的重要前提。我们知道，当需要用统计的方法解决实际问题时，要经历收集数据、整理数据、描述数据和分析数据的过程，我们才能作出相应的决策，从而使问题得以顺利解决。所以，当教师引领学生亲身经历上述解决问题的全过程时，可以启发学生思考为什么通过数据分析就能指导我们作出决策从而解决问题？原来，数据中蕴含的信息，我们只要将其进行整理、分析，就能够从中得到一些信息，从而揭示出某些规律。因此，当学生参与了统计的全过程，他们对"数据中蕴含的信息"的体验是深刻的。以后再遇到问题时，学生就能够自觉地选用数据分析的方式来帮助自己解决问题，也就是说学生此时已经具备了数据意识。

一年级（下册）"分类与整理"。虽然了解分类的含义，掌握分类的方法，能用自己的方式呈现出来，但练习七第7题中，在分类与整理的基础上提出了"说一说你知道了什么信息？"的问题，在这里，学生既可以说整理出来的结果，也可以是学生根据整理的结果推出的新信息，从而引导学生对数据进行简单的分析，体会数据蕴含的信息。

（1）按不同的活动分一分，填写下表。

	打乒乓球	踢足球	踢毽	跳绳
人数				

（2）如果分成两组，可以怎样分？

（3）说一说你知道了什么信息？

（4）你能提出什么数学问题？

二年级（下册）"数据收集整理"。例1主要是学习收集数据的方法。由于本单元是小学阶段正式接触统计的起始课，为了让学生充分地体会统计在生活中的作用，教材从选校服颜色的情境入手，促使学生产生用统计解决问题的需求，并确定用调查的方法收集数据，进而确定调查对象（学生）、调查内容（校服颜色）、调查方式（举手）、呈现数据的方法（统计表），最后对数据进行简单分析，涵盖了统计的各个要素，也使学生体验到了完整的统计过程。（见图8-2）

学校要给同学定做校服，有下面4种颜色，选哪种颜色合适？

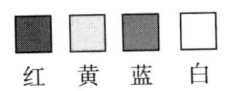

红 黄 蓝 白

应该选大多数同学最喜欢的颜色。

怎么知道哪种颜色是大多数同学最喜欢的呢？

可以在全校进行调查。

全校学生那么多，怎样调查呢？哦！可以先在班里进行调查。

可以先在班里像下面这样调查。

也可以……

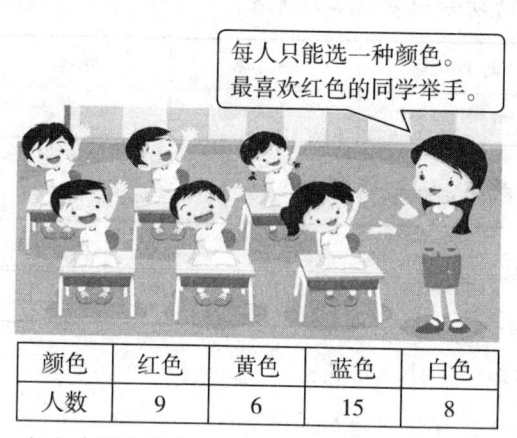

每人只能选一种颜色。
最喜欢红色的同学举手。

颜色	红色	黄色	蓝色	白色
人数	9	6	15	8

（1）全班共有（　　）人。
（2）最喜欢（　　）色的人数最多。
（3）如果这个班定做校服，选择（　　）色合适，全校选这种颜色做校服合适吗？为什么？

图8-2　数据收集整理

小学阶段统计图表主要涵盖以下内容：三年级（下册）"复式统计表"，调查同学最喜欢的活动；四年级（上册）"条形统计图"，统计每天的天气情况及统计全班同学最喜欢的一种早餐等；四年级（下册）"平均数与条形统计图"，收集矿泉水瓶等；五年级（下册）"折线统计图"，制作中国青少年机器大赛参赛队伍统计图等；六年级（上册）"扇形统计图"，制作全班同学最喜欢的运动项目统计图等。（见图8-3）

数据收集 → 分类与整理 → 数据收集整理 → 复式统计表 → 条形统计图 → 平均数 → 可能性 → 折线统计图 → 扇形统计图

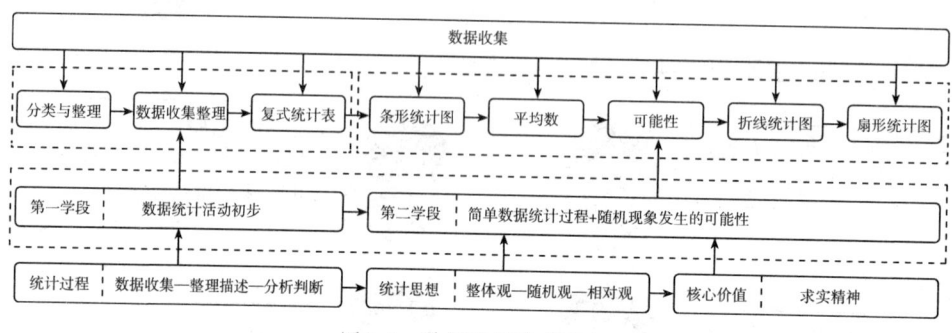

第一学段：数据统计活动初步
第二学段：简单数据统计过程+随机现象发生的可能性
统计过程：数据收集—整理描述—分析判断
统计思想：整体观—随机观—相对观
核心价值：求实精神

图8-3　数据意识培养进程

从以上内容可知，教材越来越注重培养学生的统计数据解读能力，即引导学生在独立思考、观察的基础上进行讨论，让学生读出数据背后的"信息"，基于数据却又跳出数据，提升他们的数据解读能力。为此，在教材中，我们经常能看到类似"从中你能得到哪些信息""你对调查的结果有什么看法和建议""看到这个统计结果，你有什么感受"等问题。意图是通过这些具有启发性的问题引领学生对数据进行深入挖掘，让学生体会到数据中蕴含的信息。因此，教师在教学中应当抓住这些问题，鼓励学生基于统计数据，畅所欲言。学生统计意识的形成有赖于统计过程中的数据收集、数据整理描述、数据分析判断，让他们在实践过程中明白：事物总是处在发展、变异的过程中，用发展的眼光看待运动、变化的事物，感知数据统计具有整体性、相对性、随机性和真实性。

二、合适表达，数据呈现简洁

"根据问题的背景选择合适的方法"。所谓"合适的方法"，即在数据的表示与呈现时，能够简洁高效、一目了然地展现数据中所蕴含的信息。在小学阶段，主要是让学生根据问题的背景和数据的特征灵活地选用合适的统计图表。这也是一线教师在教学中经常说的，条形统计图便于比较数据、数量的多少，折线统计图能够反映数据增减变化的趋势，扇形统计图则能够表述整体与部分的关系，合适的图能让数据自己开口说话。此外，在教学中还需要明确的一点是，在统计学中，对方法的判断只有好坏之别，而无对错之分。因为，统计学不同于纯数学，它是真正的应用数学。

在小学阶段，"统计与概率"的领域总共涉及三种统计图：条形统计图、折线统计图和扇形统计图。课程标准要求学生能够根据统计的目的、数据的特点，并结合统计图的特点选择合适的统计图对数据进行呈现，便于进行数据描述和数据分析。众所周知，条形统计图、折线统计图和扇形统计图的特点各异，在实际应用中的条件也不一样：条形统计图能清楚地表示数量的多少；折线统计图能清晰地反映事物的变化趋势；扇形统计图则能够表示出各部分在总体中所占的比例。因此，教师应注重几种不同统计图的对比教学，加深学生对三种统计图的认识和理解，以便他们能够根据需要选择合适的统计图，直观地呈现数据信息。

1. 引发冲突，选择合适

在六年级（上册）第七单元"扇形统计图"的例2具体目标是会辨析三种统计图的特点和作用，能根据不同的统计目的和数据特点，选择合适的统计图，并根据统计图进行简单的数据分析。

下面几组数据分别选用哪种统计图表示更合适？

（1）绿荫小学2007—2011年校园内树木总量变化情况统计表。

年份	2007	2008	2009	2010	2011
总量/棵	100	120	150	170	200

（2）2011年绿荫小学校园内各种树木所占百分比情况统计表。

树种	杨树	柳树	松树	槐树	其他
百分比/%	25	20	15	15	25

（3）2011年绿荫小学校园内各种树木数量统计表。

树种	杨树	柳树	松树	槐树	其他
总量/棵	50	40	30	30	50

例2以三组校园树木数量的相关数量为素材，让学生根据不同的统计内容素材选择合适的统计图，在此过程中进一步认识各种统计图的特点，使学生体会到对于相同的统计对象，有时可以选择不同的统计图来描述数据，但其中的一些统计图更有优势。而在有的时候，只能选择某一种。这是由统计图的特点和统计内容的特点共同决定的。

选择合适的统计图描述数据，能更好地说明要表达的信息，更便于进行数据分析。如何使学生体会到"选择"的必要性？在教学例题时，我们增加了一个教学环节：先把例题中的三组数据都用条形统计图呈现出来，让学生在看图回答问题时自主体验"有些问题适合用条形统计图来描述数据，但也有一些问题不适合用条形统计图来描述数据。因此，我们要根据数据的特点和所要解决的问题选择合适的统计图"。

第（1）小题统计的是树木总量在2007—2011年的变化情况。既可用条形统计图描述，也可以用折线统计图描述。用这两种统计图既能表示出每年的树木总棵数，又能表示出总数的变化趋势，条形统计图也可以通过条形的起伏来表现大致的趋势，但折线统计图在体现变化趋势时的优势更明显。（见图8-4）

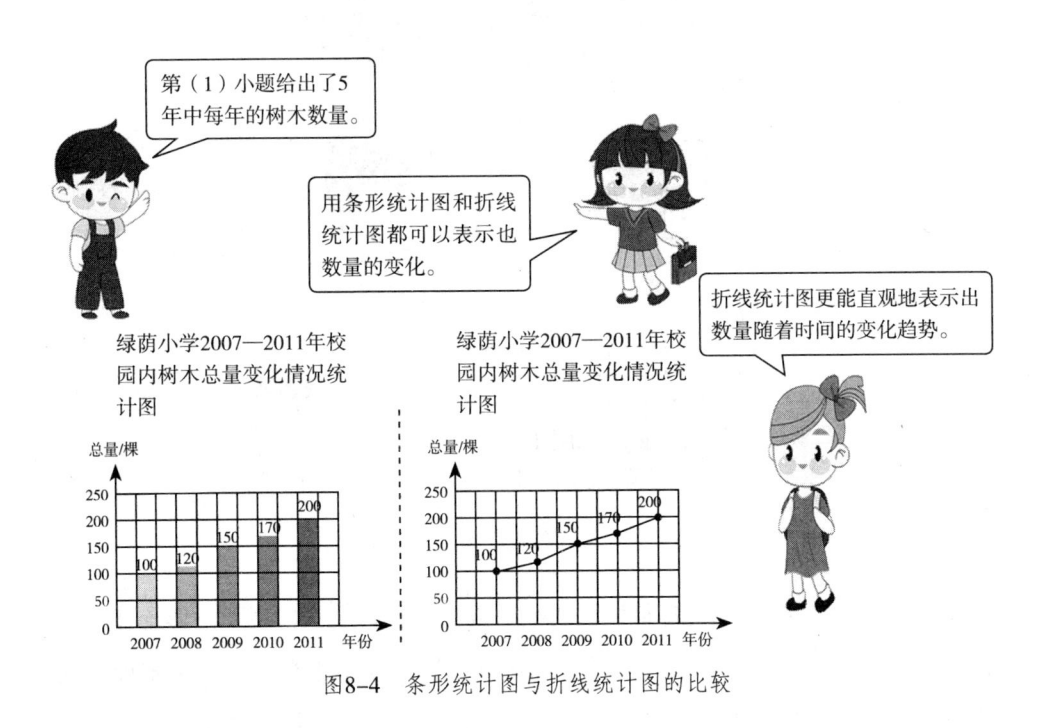

图8-4 条形统计图与折线统计图的比较

2. 图间对比，凸显本质

第（2）小题的统计是各种树木占树木总量的百分比，既可以用扇形统计图表示，也可以用条形统计图表示。不同的是，条形统计图只是直观呈现了各种树木数量占总数的百分比，能通过条形的高度比较哪种树木多，哪种树木少。而扇形统计图除了能达到这些目的之外，还能更直观地看出每种树木数量与所有树木数量之间的关系，使学生明白：当要了解部分与整体之间的关系时，选择扇形统计图更合适。（见图8-5）

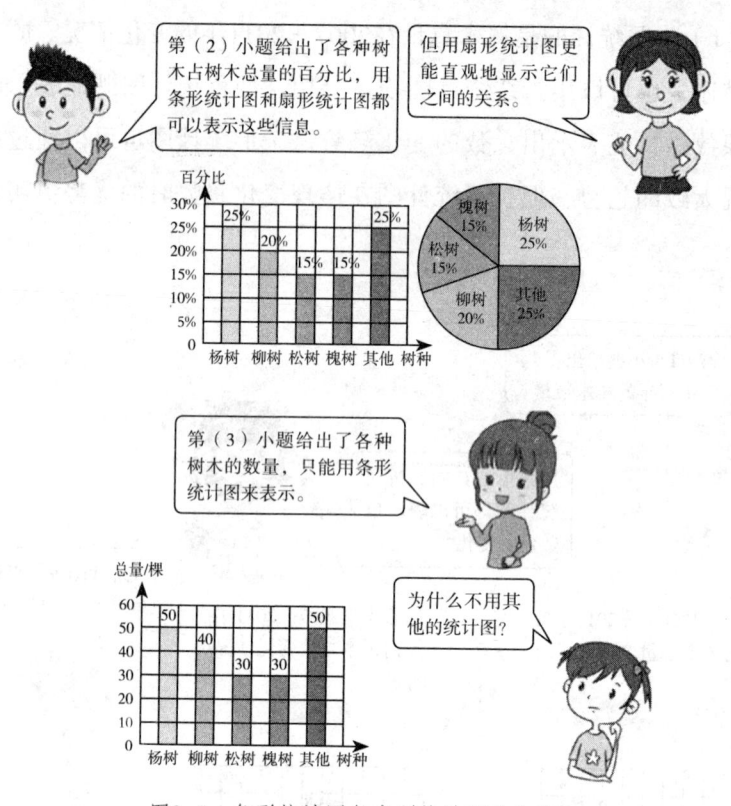

图8-5 条形统计图与扇形统计图的比较

第（3）小题统计的是各种树木的绝对数量，教材中只出现了条形统计图，教师引导学生思考"为什么不用其他的统计图"，使学生在对比三种统计图的特点的基础上，分析不选择其他统计图的理由：由于各个树种处于平等、独立的地位，用折线统计图表示是不合适的，又因缺乏相应的百分比数据，所以也无法用扇形统计图表示。

当解决完这三道题以后，教师要让学生进行充分的讨论与交流，进行综合的梳理——三种统计图各有什么特点？在描述各种数据时可以用哪些统计图？其中哪些更有优势？用哪些统计图又是不合理的？使学生对几种统计图有一个整体的认识。

通过三组数据多个不同层次的比较，教师引导学生不断发现不同统计图的特征及其独特的应用价值，让学生的思维能够越过不同统计图外在的、非本质的特点而直抵其关键。在生生互动开放的对话过程中，学生在观察、比较中渐渐发现了不同统计图之间的异同，进而建构起对不同统计图特征的理解和把握。

在以上教学中，学生经历统计活动的全过程应尽可能凸显问题解决，即让学生作为问题解决者去了解、思考问题并拿出自己的方案。一般经历以下流程。（见图8-6）

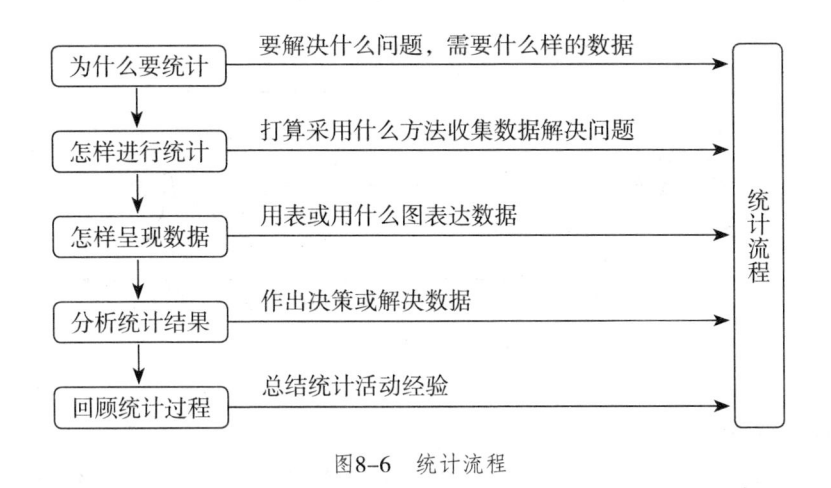

```
为什么要统计  ── 要解决什么问题，需要什么样的数据 ──┐
     ↓                                            │
怎样进行统计  ── 打算采用什么方法收集数据解决问题 ──┤
     ↓                                            │ 统
怎样呈现数据  ── 用表或用什么图表达数据          ──┤ 计
     ↓                                            │ 流
分析统计结果  ── 作出决策或解决数据              ──┤ 程
     ↓                                            │
回顾统计过程  ── 总结统计活动经验                ──┘
```

图8-6　统计流程

三、数据分析，决策判断精准

统计数据的读取、分析和决策是统计教学的重要内容和基本要点，教师要培养学生用数据说话的意识，通过读图提炼出数学信息。通过解读数据所包含的信息，让学生亲历问题解决的过程后，由数据所想到的、所推测到的，从整体上把握数据的变化趋势，并进行合理的推测、决断，这是数据分析的内核，不仅可以让学生领略统计应用的多样性，渗透实事求是的思想教育，还能丰富学生的常识，拓宽他们的知识面。

例如，在"折线统计图"教学中，以某地的新冠肺炎疫情数据作为研究载体，让学生认识折线统计图，了解其特点，根据需要用折线统计图直观地表示数据；根据需要选择折线统计图直观、有效地表示数据，并对数据进行简单的分析和预测。教师适时提出一些问题引发学生讨论：你们准备如何收集数据？用什么方法展示数据？哪些数据经常出现？数据反映出什么趋势？从这些数据

147

中能得到什么结论？从这些结论中能预测到什么？这些开放性的问题有利于学生用多种方法解决问题，充分鼓励学生采取可行的个性化的解决问题的方式，以促进他们的发展。某地区新增确诊病例情况统计图如图8-7所示。

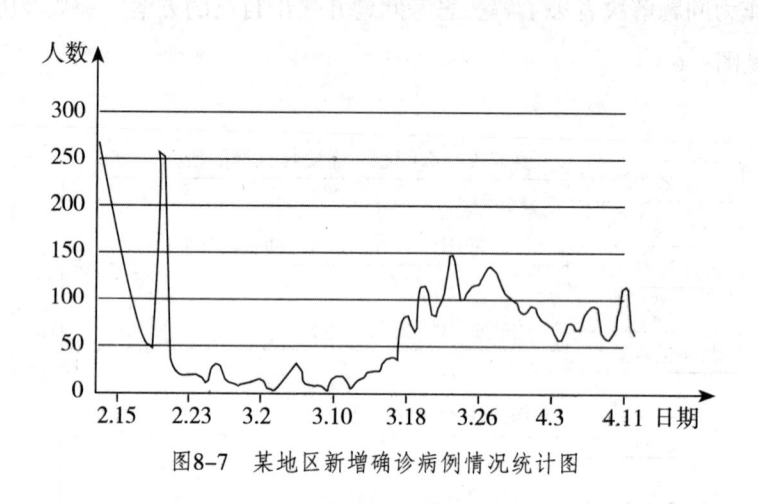

图8-7 某地区新增确诊病例情况统计图

1. 读取数据

教学中，教师提出"你能从图中读取出哪些信息？比一比谁说得多，说得有价值。"学生能读懂、读全、读透统计图表中的信息，会挖掘、提取图表背后蕴含的有用信息，是发展学生数据分析观念的立足点与生长点。比如，能从图中读取出：①疫情数据整体趋势向下；②2月20日疫情有一个强烈的反弹；③3月下旬起疫情又有一波反弹……

2. 分析数据

分析数据是统计的核心内容，教师要善于引导学生从不同的角度思考分析数据，寻找数据背后蕴含的成因、规律。比如，疫情数据整体趋势下行，说明防控措施得当有力，可以坚定防控的信心；2月20日疫情强烈反弹的原因是山东省任城监狱新冠肺炎疫情集中暴发，3月下旬疫情反弹的原因是境外输入，这既说明疫情防控不能有漏洞，也能明晰接下来的防控目标，而这些都是通过分析让数据"说话"，体现出了统计的现实意义。

3. 推断决策

一个完整的统计过程一般包括：收集、整理数据，描述数据，分析数据并作出判断决策。在实际教学中,"掐头去尾"式处理常能遇见,重数据的描述,轻数据的分析与推断应用,而统计的根本目的是发现信息,寻找规律,作出合理的推断与决策。

比如师生讨论交流"照这样的趋势……什么时候可以复工复学""你估计疫情会怎么发展"等问题,学生根据数据信息和自身的数学活动经验、生活经验进行多元预测、推断交流。教师还可出示全国一年来的疫情发展统计图,让学生把自己的推断与之进行比较……让学生在真实的问题情境中深刻体会统计的应用价值,从而强化数据分析观念。

四、样本数量,事件有规可循

随机性主要表现为在数据的抽样过程和由样本数据推断数据总体特征的过程之中,时而出现这种结果,时而出现那种结果,呈现出偶然性。但在大量的试验中它却呈现出明显的规律性——随机事件发生的频率的稳定性。经历数据分析的过程,学生理解个别偶然的现象所表现出的是一种内在的必然规律。

1. 样本大小关联

例:表8-1是某小组6名同学的身高和平均体重情况

表8-1 身高与体重统计

姓名	刘子涵	李强	高风	陈莉	宋东晓	张思思
身高/厘米	139	140	135	138	139	137
体重/千克	34	38	35	34	36	33

请你算出这些同学的平均身高和平均体重各是多少。

> 测量本班同学的身高和体重,并计算出全班同学的平均身高和平均体重。

这一题的目的有两个:一是巩固求平均数的方法;二是通过"用各种方法收集、整理本班同学身高和体重的数据,用统计表等方法描述数据,计算平均

数"这一实践活动，发展学生的数据分析观念。教师应该组织学生在实际测量和调查的基础上，进行数据统计和平均数的计算，并对比自己的身高和体重，看看能发现什么信息。有条件的可以利用计算器进行计算，提高学生解决问题的效率，使学生有更多的时间投入到现实、探索性的数学活动中去。

教学时，教师先让学生在小组里调查同学的体重，再把各小组的数据进行汇总。如果把某个小组同学的体重数据看作一个样本，把全班同学的体重数据看作总体，那么每个样本与总体之间一定会存在某种关联，乃至某种程度的相似性，但显然也会有所区别。进一步，在把全班同学的体重数据进行整理后，要求学生回答"如果要在全校同学中调查，又该怎样做？得到的结果和你们班一定相同吗？"其实也就是把全班同学的体重数据看作一个样本，并把这个样本与更大范围的数据总体进行一些有意义的比较。这样的比较显然有助于学生更加清晰地感受样本与总体的关系，并使得基于数据所进行的思考更加深入。

2. 基于数据预测

例：妈妈记录了陈东0～10岁的身高，根据表8-2中的数据绘制折线统计图。（见图8-8）

表8-2　陈东0～10岁身高统计表

年龄/岁	0	1	2	3	4	5	6	7	8	9	10
身高/厘米	50	74	85	93	101	108	115	120	130	135	141

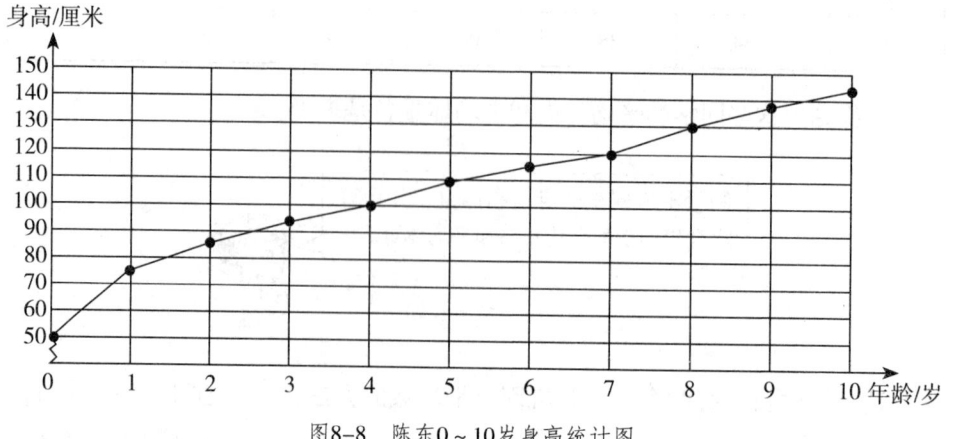

图8-8　陈东0～10岁身高统计图

（1）陈东哪一年长得最快？长了多少厘米？

（2）收集、整理你自己的身高数据，利用方格纸绘制折线统计图，说一说你发现了什么。

本题设置的目的是让学生通过绘制折线统计图，明确绘制的步骤，在描点、连线的过程中进一步体会折线统计图能更清晰地反映数据的增减变化的特点；通过分析陈东和自己的身高统计图，进一步感受折线统计图能清楚看到数据的变化趋势的特点。教学时，为了深化学生数据意识的培养，教师继续让学生收集、整理自己身高的数据，或者调查全国儿童的平均身高，绘制成折线统计图，对照陈东的身高进行数据分析，还可以对陈东或自己的未来的身高作出预测。当然，这种预测不一定正确。必要的话，也可以通过相应的活动，使学生进一步体会：要使预测更加合理，需要我们收集更多的数据，了解更多的问题背景。

3. 由数据发现规律

例2是一个摸棋游戏，例题先呈现一个装有两种颜色棋子的盒子并提出问题——"摸出一个棋子，可能是什么颜色？"目的是让学生通过动手试验列出所有可能发生的结果，感受每个棋子被摸到的可能性是一样的。接着，呈现两组学生摸棋子的记录表，使学生在收集、分析数据以及讨论交流统计结果的活动中，初步感受随机事件发生的统计规律，并知道事件发生的可能性是有大小的。（见图8-9）

图8-9 摸棋游戏

为了保证数据的随机性和试验的有效性，教师在试验前要提醒学生明确试验的过程和组内的分工以及试验的要求，如每次摸棋子前应将盒子中的棋子摇匀，摸时不能偷看，等等。试验时教师要关注每一个小组并进行有针对性的指导，让学生对试验数据进行观察分析、讨论交流，使学生认识到随机事件中单次试验的结果不能确定，但当大量重复试验时结果就呈现出一种规律。这样的活动不仅有助于学生从不同角度丰富对统计活动过程的认识，也凸显了数据自身的随机性。

案例链接

可能性大小

1. 感知随机性

师：我们先从摸棋开始！这里有一个空盒子，现在放入除颜色外其他都一样的4个红棋、1个蓝棋摇匀，从中任意摸一个棋，摸到的会是哪种颜色的棋？

生：可能是红棋，也可能是蓝棋，因为盒子里既有红棋又有蓝棋。

2. 体验随机性

师：想一想，摸出哪种颜色的棋的次数多？

生：红色，因为红棋数量多。

生：验证。

（学生分组动手操作，教师指名三个小组汇报摸棋数据和结论。）

记录	次数
正正正丅	17
下	3

摸出■17次，
摸出■3次。

师：观察三个小组的摸棋数据和结论，发现了什么？说明了什么？

生：虽然三个小组的数据不一样，但都是摸到红棋的次数多。

师：还有不同的结论吗？

师：当盒子里有4个红棋、1个蓝棋时，我们发现，盒子里红棋的数量多，摸到红棋的次数就多；蓝棋的数量少，摸到蓝棋的次数就少。

3. 积小成大

师：如果改变盒子里各色棋的数量，是否还存在这样的规律呢？想不想去验证？

盒子里再次放入2个红棋、3个蓝棋。

各小组在盒子里再次放入2个红棋、3个蓝棋开始摸棋试验，依次汇报试验数据和结论。

棋子颜色	1组	2组	3组	4组	5组	6组	7组	8组	9组	10组	11组	12组
红色	12	13	11	10	9	14	12	8	14	13	7	14
蓝色	8	7	9	10	11	6	8	12	6	7	13	6

师：刚才我们研究了每个小组摸棋的次数，统计一下全班的摸棋次数，看看是什么情况。

生：有的小组摸到红棋的次数多，有的小组摸到蓝棋的次数多，还有的小组摸到红棋、蓝棋的次数同样多。

师：刚才一共有12个小组参加摸棋试验，有8个小组摸到红棋的次数多，有3个小组摸到蓝棋的次数多，还有1个小组摸到两种颜色的棋的次数同样多。

生：盒子里都是红棋多，怎么和刚才的发现不一样了呢？

师：出现问题要怎么解决？

生：把全班数据加起来。

师：刚才我们研究了每个小组摸棋的次数，统计一下全班的摸棋次数，看看是什么情况。

棋子颜色	1组	2组	3组	4组	5组	6组	7组	8组	9组	10组	11组	12组	合计
红色	12	13	11	10	9	14	12	8	14	13	7	14	137
蓝色	8	7	9	10	11	6	8	12	6	7	13	6	103

师：统计后相当于摸棋多少次？你又发现了什么？

生：数据变大时，又能说明"盒子里红棋的数量多，摸到红棋的次数就多；蓝棋的数量少，摸到蓝棋的次数就少"了。

教学中选择摸棋的试验素材，目的是提高试验的科学性和操作的便利性，更容易保证试验条件的前后一致，以确保试验数据和结果的科学性。课堂教学中的两次摸棋试验都是体验性试验，旨在通过人人参与、合作摸棋，使每个学生都能获得随机性的真实体验，用真实的、现场获得的数据说话，让学习真正发生。教师让学生先推测试验结果，再通过试验验证，并以一系列的问题驱动激活学生头脑中的思维，引导学生把原有的认知与随机性试验产生的初步思维联系，再通过摸棋的数据验证推测的结果，把摸棋试验一步步落脚到对数学本质的深度探寻上，逐步丰富学生对可能性大小的数学感觉，使课堂充满浓浓的数学味；通过课堂教学引发小数据导致的思维冲突，进而启发学生的思考，引导学生体会"积小成大"的价值；通过利用小组数据、全班数据的对比分析，逐步让学生体验数据由小变大后，随机性的影响也随之变小，呈现出统计的规律性。

总而言之，数据意识是一种需要在亲身经历的过程中培养对一组数据的领悟，即在一组数据所想到的、所推测到的基础上，对于统计与概率独特的思维方法和应用价值的认识。

第九章

建模用模，
让模型结构可见

模型意识主要是指对数学模型普适性的初步感悟。知道数学模型可以用来解决一类问题，是数学应用的基本途径；能够认识到现实生活中大量的问题都与数学有关，有意识地用数学的概念与方法予以解释。模型意识有助于开展跨学科主题学习，增强对数学的应用意识，是形成模型观念的经验基础。

——《义务教育数学课程标准（2022年版）》

《译林·文摘版》曾刊登过这样一则笑话——

父：如果你有一个橘子，我再给你两个，那你数数看，一共有几个橘子？

子：我不知道！在学校里，我们是用苹果数数的。

因为没有抽象，孩子只能局限在具体的背景中考虑问题，认识更无法上升到数量关系的模型高度。

作为一种基本的数学思想，模型的价值在于"建立数学与外部世界的联系"。因此，建模的过程对于分析和解决实际问题能力的培养是不可或缺的。小学阶段是数学学习的开始，关于模型思想的感悟重要的是基于学生的生活经验，切合学生的认知水平，引导学生在数学知识发生的过程中感悟如何由生活现象提炼出数学问题；在数学知识形成的过程中感悟如何经由观察、比较、分析、抽象、概括等活动发展数学思维，掌握分析和解决问题的方法；让学生在活动中经历建模、用模的过程，在数学知识发展的过程中感悟数学知识的广泛应用价值。模型"有型"，模型思想渗透却要"无形"。

数学模型就是根据特定的研究目的，采用形象化的数学语言，去抽象、概括地表述所研究对象的主要特征、关系而形成的一种数学结构。小学阶段，根据实际问题，用字母、数字及其他数学符号建立起来的关系式、方程、图形等都是数学模型。而模型思想是指针对要解决的问题，构造相应的数学模型，通过对数学模型的研究来解决实际问题的一种数学思想方法。具备一定的模型思想，有利于学生有效地运用数学公式、定理，甚至能够创造出新的数学模型，从而解决生活中的实际问题。

数学建模是针对一种现象或一类问题建立一个数学模型，以反映现象或问题的数学特征和本质。数学建模的过程一般是把所考查的实际问题转化为数学问题，构造相应的数学模型，通过对数学模型的研究和解决，使实际问题得以解决。数学建模的主要过程可以用图9-1表示。

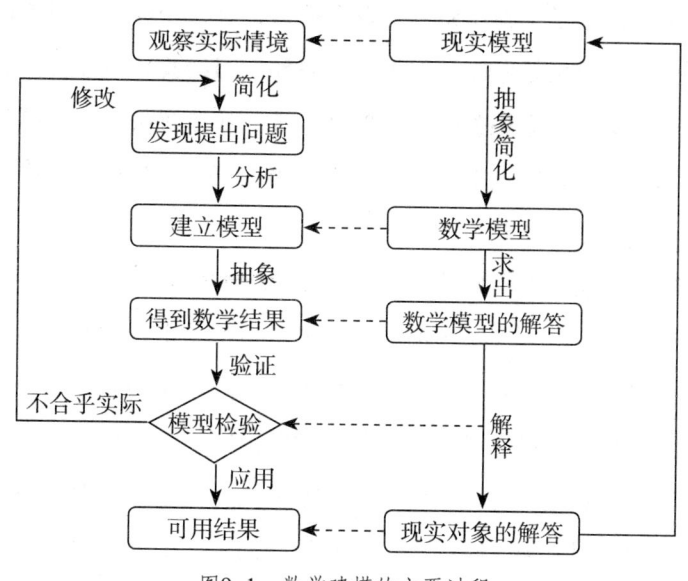

图9-1 数学建模的主要过程

实际情境是小学数学模型教学的起点，主要是指学生熟悉的事物、与学生生活经验息息相关的现象等。发现提出问题是建立数学模型活动的前提。提出假设指根据情境、问题的特征和解决问题的需要，对问题进行必要的简化和分析，并用比较精确的数学语言提出恰当的假设。建立模型是在假设的基础上利用适当的数学工具、数学知识，刻画事物之间的数量关系，建立相应的数学结构。模型检验是将运用数学模型求解的结果转换成有关具体问题的答案，利用已有的资料、数据验证这一解答的正确程度和适用范围。可用结果是将建立的数学模型运用到实际生活中，从数学的角度解决较为复杂的生活问题。具体说就是观察比较、猜想验证、探索发现、修正优化等活动，核心是运用数学语言对现实问题进行描述、概括、抽象。学生在模型准备、模型建立、模型分析与深化、模型解释和应用这一数学化的过程中，能够逐渐体会、感悟模型思想，初步学会数学的思维。

一、现实原型，启动模型意识

数学教学要从现实生活或具体情境中抽象出数学问题，用数学符号表示数学问题中的数量关系和变化规律，求出结果并讨论结果的意义。在解决问题的过程中，教师要鼓励学生独立思考、自主探索、互动交流，并引导他们展开丰富的联想，调动、激活他们已有的生活经验和学习经验，以融会贯通的方式对学习内容进行组织，建立相关的数学模型，进而从会解决一个具体问题到能解决一类数学问题，并在实践中进行解释和应用，充分感受模型的价值，建立初步的模型意识，使思维逐步走向深刻。

1. 提供现实背景，进行数学简化

数学建模的过程是从现实生活或具体情境中抽象出数学问题的过程，所以教师在教学中要注意结合教学内容和学生生活实际创设问题情境，它可以是现实生产、生活材料，也可以是其他学科的相关内容。教师可以在正确把握教材的基础上对教材内容进行剪裁重组，赋予教材更大的张力。教学情境的创设要注意激发学生的学习兴趣、唤起学生对知识的渴求、引发学生的数学思考。同时，教学情境应是连接新知和旧知的"桥梁"，让学生的学习积极而主动，增强学好数学的信心。

教师引导学生建立数学模型，首先要为学生提供一个生动具体的现实情境（现实原型），便于学生通过观察、比较从中抽象出数学问题。教师提供问题背景时，要关注学生的生活经验和知识基础，考虑提供的背景材料学生是否熟悉，能否激发学生探究的兴趣，并注意克服对现实情境描述的简单化和数学学习材料来源的单一化。在此基础上，教师要着重引导学生了解问题的现实背景，明确其实际意义，掌握对象的各种信息，根据问题的特征和模型的数学内涵，对现实情境进行简化，并用简洁的数学语言进行描述。

例如，教学"植树问题"一课时，首先，教师进行课前谈话：大家知道3月12日是什么日子吗？这一天全国很多人都在植树，为什么呢？是呀，植树造林不仅可以美化环境、净化空气，还能预防自然灾害。植树造林有这么多好处，植树过程中会不会用到我们所学的数学知识呢？今天这节课我们就来学习植树知识。（见图9-2）

接着，教师创设一个开放式的情境：我校要在一条全长100米的小路一边植树绿化，特聘请设计师一名，要求设计一份植树方案，择优录取。

最后，引出例1：在全长100米的小路一边植树，每隔5米栽一棵（两端要栽）。一共需要多少棵树苗？

图9-2 植树问题情境

通过谈话，进一步了解植树造林的好处，引导学生对植树产生兴趣，愿意学习植树中的数学知识，增强学生的环保意识。与此同时，"招聘"对学生来说并不陌生，但出现在"我校"，学生的参与度明显提高。想做一名设计师，首先要解决的问题是"每几米"栽一棵，也就是"间隔"问题；其次是栽树的形式，即两端都不栽，一端栽一端不栽，还是两端都栽。这里由教师确定讨论两端都栽的情形。

2. 提炼核心问题，引领数学探究

一个好的问题情境不仅能激发学生已有的知识和经验，引起学生探索新知的兴趣和欲望，还能够引导学生更好地领悟数学的现实意义。数学模型的建立同样要以具体的问题为载体，所以需要教师精心创设恰当的问题情境，注重现实性、探索性和启发性，让问题情境有利于学生联系生活学习数学知识，激发学生建模的兴趣。

对于小学生而言，一个好的建模问题需要具备以下一些特征：

（1）问题有一定的现实意义，并与学生的实际生活相联系。

（2）问题有一定的探索性，能引起学生的探究欲望。

（3）问题要便于学生理解，建模所需的数学知识比较简单。

（4）建模的过程或答案有一定的开放性。

例如"植树问题"教学时，学生会有这样的疑问：为什么有时"棵数=段数+1"，有时"棵数=段数-1"，而有时不"+1"也不"-1"，即棵数=段数？还有，什么时候两端都种，什么时候两端不种，什么时候只种一端？只要教师抓住核心问题，就能让学生在动手"植树"的过程中"探"出思路，"培"出数学建模、一一对应、数感等数学素养；让学生在探究中不断展开联想和想象，建立联系，进行比较、分析，归纳并揭示出知识规律，思维更加缜密、清晰、深刻和合理，从而培养学生的归纳思维、渗透建模思想，更为进一步进行严谨思维和批判质疑作出铺垫。

二、探究活动，共建数学模型

数学建模是把所考查的实际问题转化为数学问题。数学模型不同于实际对象本身。数学模型的建立常常略去实际对象的某些次要性质和因素，抓住其主要性质和因素，从量的关系上对实际对象做形式化的描述和刻画，是学生参照事物系统的特征或数量依存关系，采用数学语言概括出的一种数学结构。这里的数学结构是一种纯关系结构，是经过数学抽象扬弃了一切与关系无本质联系的属性后的系统。这种结构是用数学概念和数学符号来描述的。由实际问题到数学模型的过渡（建立数学模型）不只包括一般意义上的"简单化"和"理想化"，更主要的是一个重构的过程，即能够应用数学的概念和符号语言更为深入地认识客观事物和现象，并作出清楚的表述。

例如教学"乘法分配律"时，面对现实情境、面对数学问题，学生的生活经验不同、思维水平不同，表达方式也不同，表述如下：

情境表达：（每组男生人数+每组女生人数）×组数=每组男生人数×组数+每组女生人数×组数。

画图表达：

符号表达：（□+△）×○=□×○+△×○。

字母表达：$(a+b) \times c = a \times c + b \times c$。

文字表达：两个数的和与一个数相乘，可以先把它们分别与这个数相乘，再相加。

学生通过自主探究主动获取的知识，理解起来才更容易，才能真正学会。实际教学中教师要让学生亲身经历猜测与验证、分析与归纳、抽象与概括等一系列数学思维过程，让学生在自主探索中充分感受数学模型的形成过程。在此过程中，教师要善于激励并引导学生自主探索、合作交流，经历逐步抽象和概括的过程，以建构出每个学生都能理解的数学模型。

对于复杂的数学问题，建立数学模型一般要经过以下步骤：

（1）对于解决的实际问题，必须掌握一定数量的信息（数据、图表等），由此了解总的背景，确定目的要求。

（2）根据所掌握的信息和背景材料，对问题作必要的简化。

（3）利用适当的数学工具，寻求有关事物之间的联系，构建数学模型。

（4）求解数学模型，即解决与具体问题所对应的数学问题，并对所得到的解进行定量和定性分析。

（5）模型的检验，将数学模型的解"译"成有关具体问题的答案，利用已有的资料、数据，验证这一解答的正确程度和适用范围。

小学阶段，不一定要求学生真正掌握数学模型，主要是让学生感悟模型思想，为中学相关内容的学习作好铺垫。而感悟模型思想的最直接的方式就是让学生经历从具体到抽象的数学建模过程。在此过程中，教师要善于激励并引导学生自主探索、合作交流，经历逐步抽象和概括的过程，以建构出每个学生都能理解的数学模型。

学生学习应当是一个生动活泼、主动和富有个性的过程，认真听讲、积极思考、动手实践、自主探索、合作交流等，都是学习数学的重要方式。数学来源于生活，教师要创设一定的教学情境，让学生参与探究，从而发现一些数学结论。比如，通过实物、图片、模型等直观形象的学习材料让学生在拼一拼、摆一摆、做一做、演一演、画一画等探究活动中构建数学模型，获得数学知识和数学思想、数学方法。

1. 参与活动过程

在教学中，我们可以突出三个具体的数学活动过程，以促进学生对相遇问题数学模型的体验和感悟：

（1）演一演：在呈现例题情境的基础上，组织学生上台表演题意，教师和台下学生共同导演，两位表演者从一开始的随意走，到体会"同时""相向""相遇"等关键词后的规范走，在两三回合的表演中进一步理解题意，感知相遇问题的数学本质。尤其是教师指挥学生"一分钟一分钟"地走，直观地呈现速度与相遇时间、总路程之间的特殊关系，为数学模型的建立打下基础。

（2）画一画：在现场表演的基础上，教师逐步引导学生用图形符号在线段图中表示出相遇问题中的各个要素，帮助他们在画图的过程中进一步抽象相遇问题的数学表达形式，把现实情境转译成数学图形语言。

（3）思一思：教师继续引导学生分析线段图，从中抽象出数量关系。"图中有哪些跟数学有关的知识？"这是一个开放性提问，学生自由发表见解：两人从出发到相遇，所用时间是一样的，两人各自走的路程合起来就是两地之间的总路程，两人的速度合起来再乘以相遇时间就是总路程。

2. 体验归纳的过程

数学模型是解决一类问题的基本数量关系结构，其本质是从单个问题的解决抽象到一类实际问题的解决。因而在引导学生建立数学模型的过程中，教师应该提供丰富的实际问题或多个同类数学问题情境，让学生深入分析，把握其中蕴含的共同特征、结构，归纳、提炼解决问题的基本模型。

数学建模应从具体的现实问题出发，让学生充分经历生活问题到数学模型的抽象过程。教师应精心创设典型、适切的现实问题情境，让学生在丰富的数学探究活动中经历"横向数学化"的过程，体会模型产生和形式化抽象的过程，从而领悟模型思想。

例如，长方形的面积计算公式作为一种常用的数学模型，它的归纳、提炼就是建立在经历多个相似情境的研究后才实现的。教师给学生提供一些形状不同的长方形，引导学生从"满铺1平方厘米的小正方形"，过渡到"只排一行一列的小正方形"就能得知长方形的面积，在对多个相似情境操作过程的类比中，逐步体会长方形面积的计算方法，从而归纳出数学模型。这样，学生以丰富的数学实例为基础，逐步接近数学模型的本质特征，进而进行形式化提炼，感悟模型的一般性和简约性。

案例链接

长方形和正方形的面积

实验一：全铺

师：你能用面积是1平方厘米的正方形纸片拼出一个长方形吗？

出示实验要求：

用1平方厘米的正方形纸片拼出一个长方形，并填写实验记录单。

每排（　）个	（　）排	正方形有（　）个
长（　）厘米	宽（　）厘米	面积是（　）平方厘米

学生展示作品。

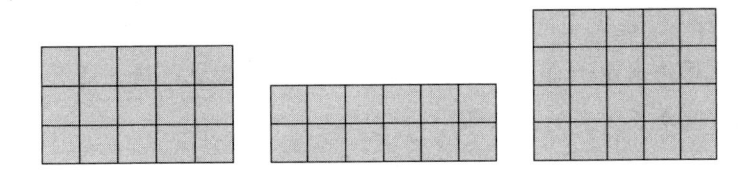

师：（呈现学生的记录单）观察这些实验记录单，你们有什么发现？

（教师相机板书）

生$_1$：每排的个数×排数=小正方形的个数。

生$_2$：长×宽=长方形的面积。

实验二：半铺

师：刚才老师看到一些同学是这样摆的。为什么没有摆满也能算出这个长方形的面积？

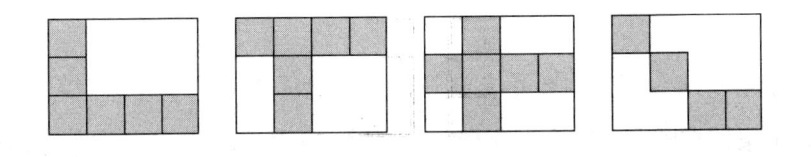

生：把小正方形横着或竖着移一移，就能知道每排有4个，有这样的3排，一共有12个小正方形，面积是12平方厘米。

师：那我们能不能用更少的正方形来摆出长方形的面积呢？

实验三：点铺

师：这个同学只用了1个小正方形，他又是怎样知道长方形面积的？

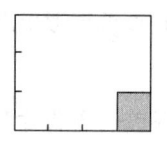

生：先用1个小正方形沿着长量一量，边量边做记号，长里有4个1平方厘米的小正方形，长就是4厘米；再沿着宽量一量，宽里有3个1平方厘米的小正方形，宽就是3厘米。容易看出，长方形里一共有12个1平方厘米，所以它的面积是12平方厘米。

实验四：不铺

师：（课件出示一个长方形）现在一个小正方形也不给，还有办法知道这个长方形的面积吗？

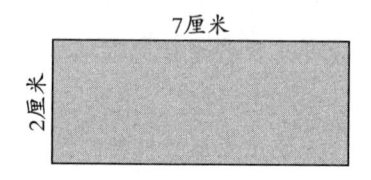

生：可以用尺量出长方形的长和宽，就能算出长方形的面积。

学生测量得出：长方形长7厘米、宽2厘米。

生：7×2=14（平方厘米）。

小学生学习的几何主要是实验几何，实验操作是学生几何学习的重要方式。以上案例教师引导学生在典型实验素材、科学实验方法、完整实验过程、丰富实验成果的交流展示和思考辨析中，通过摆一摆的数学实验活动，让学生从"满铺"到"半铺""点铺",最后到"不铺",直接通过计算得出面积,经历了"动作操作—表象操作—符号操作"的过程,完整经历由动作表征到语言表征,最后到思维表征的爬坡过程,逐渐在头脑中明确"长方形里包含多少个面积单位,它的面积就是多少"。学生在实验操作、形象感知中建立起清晰的表象,初步认识长方形的面积与所用小正方形个数的关系,很好地突出了测量方法的本质,能为后面深入研究长方形的面积计算公式提供支持。

三、深化模型,变换中显本质

将具体的、特定情境中的现实问题进行简化、提出假设,构建的数学模型有时具有一定的局限性,不一定能够解决一类问题。尽管同是应用同一模型,教师在教学中必须超出这一特定情境,让学生更深入地体会模型的普遍应用价值。教师也可根据学生抽象思维的发展水平,适当变化原有现实情境中的部分条件,形成新问题,引导学生从不同角度思考,提出不同假设,解决新问题,建立新的认知平衡,在此过程中将学生的思维引向深入,实现对模型认知的深化。

以行程中的"相遇问题"的数量关系模型 $s=v_1t_1+v_2t_2$ 为例。它刻画的是两个运动物体相向而行时的规律,利用它可以完美地解决下列问题。

例1:小强和小军住在学校的东西两侧,他们同时从家里出发走向学校,小强每分钟走65米,小军每分钟走70米。经过4分钟,两人在校门口相遇。他们两家相距多少米?(见图9-3)

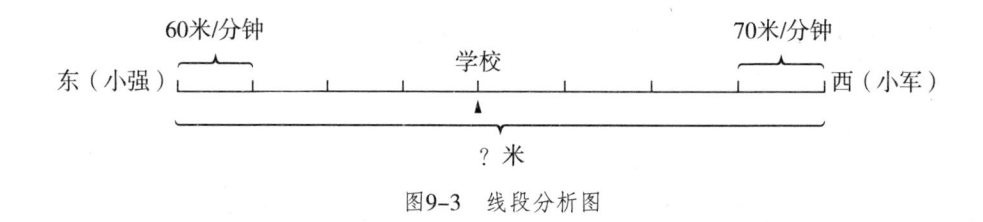

图9-3 线段分析图

例2:小强家和小军家相距540米。两人同时从家里出发相向而行,小强每分钟走65米,小军每分钟走70米。几分钟后两人相遇?(见图9-4)

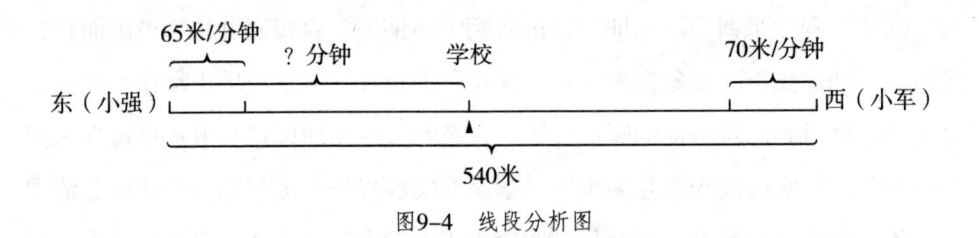

```
        65米/分钟    ?分钟    学校              70米/分钟
    ┌───┴───┬───────┴──────┬──┐          ┌──────┴──────┐
东（小强）├───────────────────────────────────────────┤西（小军）
                           ▲
                         540米
```

图9-4　线段分析图

例3：小强家和小军家相距540米。两人同时从家里出发相向而行，小强每分钟走65米，经过4分钟两人相遇。小军每分钟走多少米？（见图9-5）

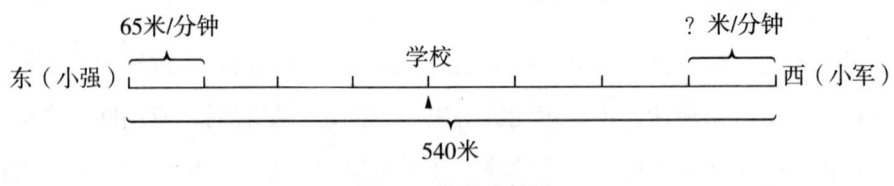

```
        65米/分钟           学校            ?米/分钟
    ┌──────┴──────┐                   ┌──────┴──────┐
东（小强）├───────────────────────────────────────────┤西（小军）
                           ▲
                         540米
```

图9-5　线段分析图

例4：甲、乙两艘轮船从两个港口相对开出，甲船每小时行42千米，乙船每小时行38千米。由于机器故障，乙船开出1小时后，甲船才开出。又经过3.5小时，两船相遇。两个港口相距多少千米？（见图9-6）

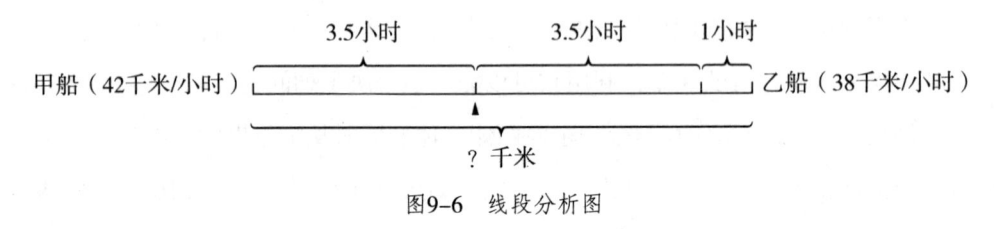

```
         3.5小时        3.5小时      1小时
        ┌───┴───┐      ┌───┴───┐    ┌─┴─┐
甲船（42千米/小时）├──────────────────────────┤乙船（38千米/小时）
                         ▲
                       ?千米
```

图9-6　线段分析图

例5：客车和货车同时从两个车站相对开出，客车每小时行120千米，货车每小时行80千米。经过1.5小时，两车还相距140千米。两个车站相距多少千米？（见图9-7）

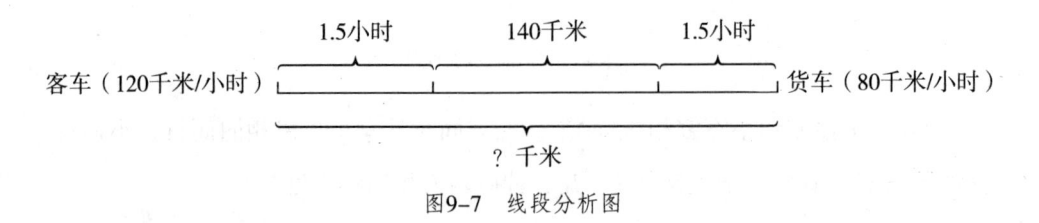

```
           1.5小时      140千米     1.5小时
          ┌───┴───┐    ┌───┴───┐   ┌───┴───┐
客车（120千米/小时）├──────────┬──────────┬──────────┤货车（80千米/小时）
                              ?千米
```

图9-7　线段分析图

这些问题有的是"同时出发"的相遇问题，有的是"不同时出发"的相遇问题，还有的是"相向但未相遇"的实际问题。运用"路程和"模型，不但可以求相距的路程、相遇的时间，而且可以求某个物体的运动速度。对于像"路程和"这样能广泛应用的数学模型，不但要用，而且要对比起来用，用完之后还要引导学生进行感悟和体会。比如，使学生体会到：题目虽然千变万化，但其中的基本数量关系（数学模型）总是不变的；掌握了不变的数量关系（数学模型），就能以"不变"应"万变"。

四、模型解释，回归生活实例

学生经历了模型准备、模型建立、模型分析与深化的过程，对数学模型的理解已经比较深刻和稳定。此时将学生的目光引向现实生活，回到实际生活中，用数学模型解释生活中的现象，这是学生体会、理解数学与外部世界联系的重要途径，也有利于培养学生丰富的想象力和敏锐的洞察力。

学生根据自己对数学模型的理解，列举出实际生活中具体的实例，虽然这些具体实例有着形态各异的外部特征，但却有着相似的数学结构。学生不是举出典型实例那么简单，还要运用对应的数学思想对实例作出数学结构的分析，并解释实例中两种物体之间的数量关系。应用数学模型对现实原型作出解释是数学化的具体体现，能促使学生像数学家那样去观察世界，发现问题、提出问题、分析问题和解决问题。

"植树问题"就是一个简单的植树模型，这个模型也适用于设置车站、路灯、台阶、敲钟、锯木头等问题，树、路灯、车站、锯几下、钟的响声等可抽象看成点，各种树、路灯、车站、楼层、两次敲钟的间隔可抽象看成段，点数与段数之间的数量关系结构都一样。

五、解决问题，体现用模价值

当我们在教学中建构数学模型之后，还需要应用课堂中建构的数学模型来解决生活中的实际问题，从而增强学生的用模意识。模型思想作为一种数学思想，它的形成要经历用模型解决问题的过程，能不能用模型方法正确解决问题也是检验学生是否具有模型思想的重要标准。学生在用模型的过程中才能真正体会数学模型的应用价值。

模型应用是学生体会、感悟并形成数学模型思想的一个重要环节。数学模型来自生活实际，数学建模的目的是解决实际问题。每个数学模型都应有其应用价值，如果一个数学模型只能解决当前的一个实际问题，那么这样的数学模型就失去了应用价值，也就失去了数学建模的意义。适度拓展延伸，应用数学模型解决实际问题，不仅能让学生感受数学建模的意义，体会数学模型的价值，提高学生学习数学的兴趣，而且能使他们在以后的学习中自发地想到运用数学解决问题，提高数学应用意识。

例如，经典的"鸡兔同笼"问题是这样阐述的：笼子里有若干只鸡和兔。从上面数，有8个头，从下面数，有26只脚。鸡和兔有几只？在学生利用假设法和图表的模型解决该问题（见图9-8）之后，教师应设计这样的变式练习：全班一共有38人，共租了8条船，大船6人，小船4人，每条船各租了几条？这时，如果学生能够找到对应关系，即小朋友的人数相当于脚数，船的只数相当于头数，就能利用"鸡兔同笼"问题的模型解决租船问题。

图9-8 "鸡兔同笼"问题

类似的问题教材先后安排了"龟鹤问题""种树问题""大小钢珠问

题""投篮问题""抽奖问题""答题问题"和"买球问题"等，这些问题与"鸡兔同笼"问题的本质都是相同的。通过让学生解决这些相关的问题，一方面让学生进一步明确"鸡兔同笼"问题的实质，了解其在生活中的广泛应用；另一方面可以让学生巩固解决这类问题的方法，进而建立"鸡兔同笼"问题的数学模型。

  小学阶段是模型思想渗透的启蒙阶段，让学生经历建模的过程，从具体问题情境中逐步抽象出数学模型，是渗透模型思想的基本策略。而数学模型的真正价值在于其实际应用，学生能够用模型解决实际问题，形成运用模型的意识才是模型思想建立的体现。因此，教师需要引导学生将数学模型应用到现实生活情境中去解决问题，丰富模型的内涵，让模型的外延得到拓展延伸，体现了数学源于生活又服务于生活。

第十章

综合实践，
让应用意识可见

　　应用意识主要是指有意识地利用数学的概念、原理和方法解释现实世界中的现象与规律，解决现实世界中的问题。能够感悟现实生活中蕴含着大量的与数量和图形有关的问题，可以用数学的方法予以解决；初步了解数学作为一种通用的科学语言在其他学科中的应用，通过跨学科主题学习建立不同学科之间的联系。应用意识有助于用学过的知识和方法解决简单的实际问题，养成理论联系实际的习惯，发展实践能力。

——《义务教育数学课程标准（2022年版）》

在各种大型比赛中，评委的分数统计总要去掉一个最高分，一个最低分，然后求其他分数的平均数，这是为什么呢？学生学了统计中的平均数、中位数等知识后，就能有意识地去分析这一现象，并能给出合理的解释：去掉最高分、最低分，求其他分数的平均数，这样既可以降低极端分数的影响，又可以避免给中间几个数据太大的权重，合理地分解评委的评分误差。

这是有意识利用数学的概念、原理和方法解释现实世界中的现象。意识在心理学上是一种心理倾向，处于"隐性"状态。良好的意识重在自觉性、自主性和选择性，它反映了一个人在认识事物、对象的过程中，其思维的自觉、独立、批判、求异和创造的品质。基于这样的理解，数学应用意识就是一种用数学的眼光去观察、用数学的思维去思考、用数学的语言去表达的积极的心理倾向和思维反应。

应用意识是一种主动建立数学与生活的联系的意识，是一种数学的思维习惯。在学生的学习过程中，应用意识主要体现为：面对现实，有从数学的视角提出数学问题的意识；面对问题，有用数学的方式思考和表达的意识，有用数学的知识和经验解决问题的能力；面对数学，有主动应用于生活的意识。

当下的教育努力追求一种境界，那就是教给学生"带得走的东西"，而数学学习中"带得走的东西"就包括学生忘掉具体数学知识以后，依然能从数学的视角去分析和研究问题的思维习惯，是一种植根于内心的数学素养和无须提醒的文化自觉，即数学应用意识。因此，通俗地讲，数学应用意识是"自觉"地从数量关系和空间形式的角度认识世界的一种头脑与眼光。数学意识能"自觉"地指导、调节、监控学生的数学活动，使其行动具有目的性、方向性和预见性。

一、联结生活，感悟数学有用

数学情境是联系数学与现实世界的纽带，是沟通数学与现实生活的桥梁。教师利用学生的生活经验，设计生动有趣、直观形象的数学情境，使数学知识成为看得见、摸得着、听得到的现实，让抽象的数学贴近生活，让多彩的生活为数学服务。教学中，教师要通过创设各种学生喜闻乐见的生活情境唤起学生的学习兴趣，诱发学生思维的欲望。

想要使学生真正拥有良好的应用意识和应用能力，最重要的就是将教学与学生的实际生活联系在一起，实现教学存在于生活中，而又高于生活这一教学目标。因此，在实际的教学中，首先，教师需要放宽教学眼界，走出课堂这个小教室，进入生活这个大课堂，平时积极地收集生活中比较新鲜、能够引起学生兴趣的教学素材，以此保证将生活中的资源通过合理安排和设计应用到教学中，促使学生形成应用相关知识解决生活问题的意识。其次，在教学中，教师不仅需要将教学与生活联系在一起，还要通过鼓励学生在日常生活中多用学习到的知识解决实际问题，这样不仅能够保证学生积累生活经验，提升发现问题和解决问题的能力，还能够培养学生形成应用数学知识的习惯，最终拥有良好的应用意识和能力。最后，教师要保证学生真正进行思考，并且能够将思考的过程、结果与大家分享。这样不仅能使学生真正体会到"数学有用、要用数学"，而且能激发学生的学习兴趣，使学生爱数学，也为学生知识的建构积累必要的经验。

1. 生活情境：还原生活原型

让学生体会数学与现实世界的联系，树立正确的数学观是综合与实践活动的主要目的之一。从家庭到学校、从生活到学习，现实中发生的很多现象都与数学息息相关，数学教师应善于从数学的视角观察、思考这些现象，并加以数学化加工、处理，将学生身边的生活原型开发为综合与实践活动的丰富资源。

（1）家庭生活情境内容

低年级学生最为熟悉的是自己的家庭生活，对其有着强烈的好奇心，因此教师可以从家庭生活中寻找学生感兴趣的问题来确定适合的活动主题。例如，二年级在学生学完"时、分、秒"后，教师设计"争分夺秒当健将"这一主题实践活动，引导学生说说打算通过什么运动项目锻炼身体，运动时做什么准备，要注意什么，每天运动多长时间，怎么记录运动时间，形成方案并依据方案进行运动。一方面运用数学学科时、分、秒的知识记录并计算运动时间，整理自己的运动数据；另一方面将体育融入实践活动，引导学生锻炼身体，分析自己的运动情况，交流运动体会，从而培养学生良好的运动习惯。

（2）校园生活情境内容

中年级学生已经非常熟悉校园生活，具有自主设计的意识和初步的解决问题能力，因此教师可以从中挖掘学生感兴趣的活动主题。例如，四年级在学生学完"数字与编码"后，结合学校为学生重新设计胸卡的实际问题，教师设计"胸卡设计师"这一主题实践活动，引导学生将数字编码的有关知识运用到学校胸卡设计大赛中，通过"胸卡需要包含哪些内容？怎么设计合理？怎样设计更美观？谁的设计最有创意？"等问题引导学生开展实践活动，使每一个学生成为综合运用数学、美术等学科知识的小小设计师。

（3）社会生活情境内容

高年级学生除了关注身边生活，还会关注社会生活。例如，五年级学生在学习完小数运算后，教师设计"走进商场"这一主题实践活动，让学生走进商场，调查一下促销方式的种类，算一算想买的商品能省多少钱，通过计算找到最划算的促销方式，使学生学会精打细算。六年级学生在学习完"百分数"后，教师设计"理财师"这一主题实践活动，让学生当一回理财师，为家人设计合理的理财方案：先通过调查了解理财方式，再结合可用于理财的资金计算收益，考虑投资风险等因素形成理财方案并阐明理由。这样的活动主题将数学与综合实践活动、经济活动等相融合，培养学生解决较复杂的真实问题的能力，发展学生的优化思想。

2. 问题情境：驱动自主探究

数学应用意识的培养体现在解释和解决现实生活中的问题，精心选择待研究的问题上，这个问题的分析、解决既要很好地体现知识的应用，又应体现方法的综合。问题驱动的关键体现在解决问题的过程中就是要使设计的问题具有实践与创新的意蕴，同时选择的问题要符合小学生的知识经验、生活经验和思维经验，引导学生在生动、活泼的自主探究活动中主动寻找数学新知的实际背景，探索数学新知的应用价值，唤醒自己的数学应用意识。

例如，一位教师在教学六年级"确定起跑线"这节课时，课前让学生围绕四个问题开展调查。（见图10-1）

问题一：短跑比赛包括哪些项目？有哪些跑道规则？

问题二：在学校的400米跑道的赛场上，各项短跑项目跑过的路线是怎样的？

问题三：在400米跑道的赛场上，各短跑项目起跑线的位置是怎样的？

问题四：在100米、200米、400米的比赛中，哪些项目的起跑位置相同，哪些不同？

400米跑道如何确定起跑线的位置？

依次相差：7.85米
=（2.5）×3.14
=（1.25）×2×3.14

400米跑道相邻起跑线依次相差=（道宽）×2×π

图10-1　确定起跑线

上课时，首先让学生交流课前调查的情况，并适时展示学校的跑道（直道65米长，圆弧半径为27米，道宽约1米），然后让学生用磁力扣在跑道示意图上分别标出各项目起跑线的位置。在此基础上，教师与学生共同引出要解决的问题：运用生活经验和学过的数学知识解决起跑线中蕴含的数学问题。通过课前调查的方式呈现有待研究的问题看似平淡，其实大有深意，有"一石三鸟"之功效。

第一，体现了数学活动的目的，注重学生的自主实践、自主参与，较好地激发了学生的问题意识。

第二，通过课前调查的汇报，统一学生对于起跑位置的认识，同时唤起学生关于起跑位置的已有生活经验，特别是选择的跑道为本学校的跑道，是学生校园生活中所熟悉的，这就将数学内容与学生的生活实际联系起来了。

第三，注重体现数学学习与体育活动的联系，需要运用知识经验解决起跑线的位置问题，很好地激发了学生的探究愿望。

二、探究新知，学会运用数学

对于数学怎么用，在教学中，我们更多的是引导学生运用数学来解决实际问题，以体现数学的应用价值。其实，这只是数学应用的维度之一，因为我们往往忽视了运用已有的数学知识或学习经验来探究新问题或创生新知识的活动也是一种数学应用的重要维度。因此，教学中教师要充分利用学生已有的认知经验，设计生动有趣、直观形象的数学学习活动，引导学生在生动、活泼的自主探究活动中主动寻找数学新知的实际背景，探索数学新知的应用价值，唤醒自己的数学应用意识。

"自行车里的数学"是在"比例"之后安排的一个数学活动，旨在让学生运用所学的圆、排列组合、比例等知识解决实际问题。通过生活中常见的"自行车里的数学"，了解数学与生活的广泛联系，经历"提出问题—分析问题—建立数学模型—求解—解释与应用"的问题解决的基本过程，获得运用数学解决问题的思考方法，并加深对所学知识及其相互关系的理解。

1. 问题驱动，师生共生

数学活动以问题为抓手，因而驱动性问题的设计至关重要，一个好的驱动问题能够为学习者提供一个广阔的、多向度的探索空间。它既能激发学生学习的内在动力，也能提纲挈领地为学生指出持续思考、自我探究的方向。驱动问题的产生应该是师生共同交流并达成共识的过程，这是学生"内生"的过程，也是师生共生的过程。

> **案例链接**

自行车里的数学：现象—问题

1. 情境驱动

播放变速自行车与普通自行车进行竞速比赛的视频，让学生思考：看了这段视频，你能提出什么问题？

2. 形成驱动问题

驱动问题：自行车的哪些设计与速度有关？

3. 构建研究方案

（1）学生自主提出初步猜想

影响自行车速度的因素可能有轮胎大小、脚踏板蹬的速度、自行车的齿轮数、车轮的形状、人骑车的姿势、车轮一周的长度、车把手的形状……

（2）小组讨论筛选最优猜想

四人小组讨论，针对"自行车的哪些设计与速度有关？"这个问题选出最优猜想，形成小组意见（如脚踏板蹬的速度确实会影响自行车的速度，但是这个因素不属于自行车的设计，因此不纳入最优猜想），并全班交流。

（3）学生汇报形成子问题

通过小组汇报，讨论下阶段研究的方向，形成子问题。

驱动问题	自行车的哪些设计与速度有关？	对应知识点
子问题1	车轮的形状为什么设计成圆的？	圆的认识
子问题2	车轮大小的设计有什么奥秘？	圆的周长
子问题3	车架、车座、车把的形状为什么设计成近似三角形？	三角形的认识
子问题4	齿轮的设计与速度有什么关系？	比例

要让驱动问题真正"内生",首先就要创设一个真实情境,这个情境好比一个触发器,能够引导学生产生问题,然后在师生的交流中不断让问题聚焦,逐步形成驱动问题。接下来,需要学生根据产生问题的情况提出自己的猜想,并在小组中分析、对比、交流,集中大家的意见,形成研究的主要方向。图10-2,反映了驱动问题"自行车的哪些设计与速度有关"的"内生"过程。学生只有不断经历这样的"内生"过程,才会拥有敏锐的数学眼光,并自觉地去洞察大千世界,从纷繁的表面现象中抽离出数学问题。

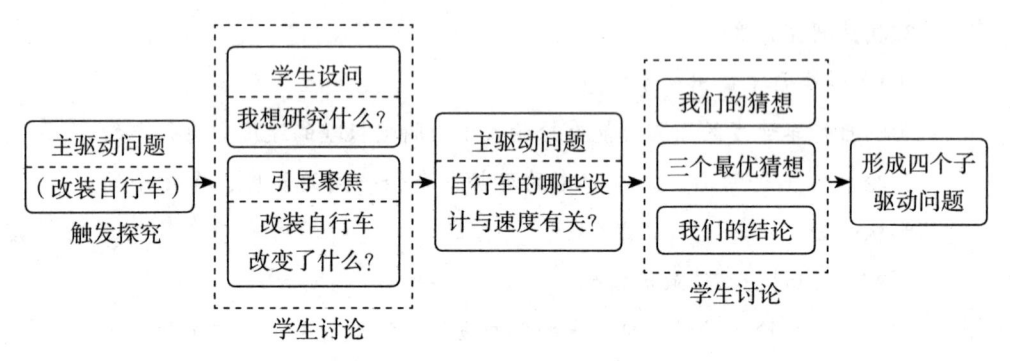

图10-2 "自行车里的数学"内生过程

2. 聚焦猜想,实践论证

自主探究为现代教学的主要方式,在探究活动中,如果学生按照教师设计的探究路径一步一步走,那么学生仅仅是一个简单的操作工,而不是独立思考、研究的个体,无法很好地达成对研究过程的感悟,对数学思想方法的体会。同时,如果探究缺少指导,学生就会无所适从,找不到研究的方向。因此,教师可以从数学问题探究的一般方法入手,找到普适的方法,给予学生指导。

学生对四个子问题的研究都经历了"小组共识,聚焦猜想→小组讨论,形成方案→合作探索,验证猜想→构建模型,得出结论"的过程。

第十章 综合实践，让应用意识可见

> **案例链接**

自行车里的数学：猜想—实践

1. 小组共识，聚焦猜想

思考：研究"齿轮的设计与速度有什么关系"，可以从哪些方面入手？

想法一：研究前齿轮数、后齿轮数的比值。

学生理由：因为知道齿数和转的圈数成反比例，前齿轮数×转的圈数=后齿轮数×转的圈数=总齿数（不变），所以前齿轮数与后齿轮数的比值就是蹬一圈后齿轮转几圈，后齿轮转几圈，就是后轮转几圈。

想法二：研究车轮的周长。

学生理由：通过观察，自行车是通过脚蹬踏板，带动前齿轮、链条、后齿轮，最后带动后轮转动才往前走的。所以只知道后轮转了几圈还不够，还需要知道车轮周长。

2. 小组讨论，形成方案

师：刚才已经讨论出了需要研究的要素，现在要知道它们的具体数据，有什么好方法？

生：可以数一数齿轮数，可以量一量车轮的周长，还可以先测量再计算。（板书：数、量、算）

3. 合作探索，验证猜想

教师出示表格，请学生验证猜想。

项目	探索一	探索二
探索主题	自行车车轮的周长	脚踏板蹬一圈，后轮转动几圈
验证策略	①直接测量周长 ②测量车轮直径，再计算；测量车轮半径，再计算	①估计前轮转一圈，后轮转几圈 ②数一数前齿数、后齿数，再计算前后齿数比来推算

师：车轮的周长是怎么得到的？

生：通过直接测量车轮的周长；先测量车轮半径，再通过计算得出车轮周长。我们是先测量了车轮的直径，再计算车轮的周长。

师：比值怎样得到？表示什么？

生：这个比值是用前齿轮数除以后齿轮数得到的，是前后齿轮数的比值。

师：周长为什么要去乘前齿轮数与后齿轮数的比值？

生：因为齿轮数与转的圈数成反比例关系，所以前齿轮数与后齿轮数的比值就是前齿轮转1圈，后齿轮转几圈，也就是后轮转几圈。

4. 构建模型，得出结论

模型一：前齿轮数÷后齿轮数×车轮周长=蹬一圈的路程。

模型二：蹬一圈的路程×单位时间蹬的圈数=单位时间行驶的路程（速度）。

"猜想—研究—结论"是学生解决数学问题的基本步骤。因此，教学中，教师要引导学生先各自进行猜想，然后讨论各自的猜想是否合理，是否指向需要解决的问题，接着根据猜想，开展计数、测量、计算、推理等一系列数学活动，从中感悟方法、提升能力，最后通过探究得到相关的数据，并进一步对这些数据进行分析、综合，逐步形成学习成果——数学结论或数学模型。探究活动以学生为主体，学生在教师的引导和点拨下，经历科学检验的历程，在全方位的思维活动中完成对数学思想方法的认知，发展数学应用意识和数学眼光。

三、强化应用，知道善用数学

数学学习不但要让学生知道数学知识"从哪里来"，也要让学生知道数学知识"到哪里去"，要反映数学知识的应用过程，使学生真正体会到"数学有用、要用数学"。数学知识的应用不仅表现为数学内部各分支之间的互用，还表现为数学与其他学科的互融，以及数学与学生日常生活实际的互联。

例如，学习"小数四则运算"后，教师设计的"走进超市"一课，很好地诠释了数学的应用。这节课，教师主要选择了四个活动内容：

1. 购物小票：小数加减法

课前，学生与家长共同"走进超市"购物，上课伊始师生共同引出要研究的"走进超市"中的数学问题后，教师首先让学生拿出超市的购物小票，以小组为单位分别计算每个同学的消费金额与找零是否正确，并交流计算方法。这个问题需要学生运用小数加减法的知识解决，这正是五年级的重要学习内容。另外，学生由于亲自参与了购物活动，解决购物小票中的数学问题，马上就能进入良好的学习状态。

2. 货比三家：小数乘除法

教师为学生提供了三家超市中的牛奶、圆珠笔、洗衣液等商品的信息，如同样规格的牛奶，甲超市5袋11.55元，乙超市6袋12.60元，丙超市每袋2.10元。让学生通过货比三家，对比出每种商品在哪家超市购买更便宜一些，并说明如果让学生购买这些商品，他会分别在哪家超市选购及选购的理由。解决这个问题，要运用小数乘除法的知识以及相应的生活经验，重要的是这个活动内容能够激起学生比较强烈的好奇心。

3. 超市赢家：小数的估算

"超市赢家"游戏规则是每组选派一名队员在规定时间内购物，哪组最接近200元哪组获胜，其他同学作裁判。在游戏活动中，学生体验小数估算的过程和方法及对每个商品价格的估算对最后消费总价的影响。由于是学生比较喜欢的游戏活动，学生十分投入地参与其中。

4. 购物方案：小数综合应用

第四个内容是"设计待客方案"，即利用教师为大家准备好的购物清单进行实际购物操作，并计算出购买商品所用的钱数，同时邀请教师对购物情况及计算过程给予评价。要较好地解决这个问题，需要把相关的数学知识与生活实际有机结合起来，结合生活实际的设计活动，是学生十分喜欢的活动。

以上四个方面的内容，无论是"购物小票""货比三家"中的数学问题，还是"超市赢家"的游戏活动、"购物方案"，都需要综合运用小数混合运算及估算的知识，体现了数学知识的综合应用。要有效解决这些问题，还需要综合运用生活智慧，不仅要学会"货比三家"，还要综合考虑购物地点、商品质量、品牌价值、合理适度购物等因素。最重要的是这些活动内容不仅有学生的亲身体验、亲自实践，更是融学生喜欢的游戏活动、设计活动于一体，学生十分投入地参与其中。这样的活动内容很好地体现了数学活动内容的趣味性、综合性要求。

四、链接课外，增加实践作业

华罗庚曾说过："人们对数学产生枯燥无味、神秘难懂的印象，成因之一便是脱离实际。"课堂教学是培养学生应用意识的主渠道，课外活动及作业是培养学生数学应用意识的必要补充。数学认知结构的形成首先必须依赖实践活动、生活体验，让每一个学生都成为数学实践者，通过反复观察、尝试，从而帮助学生建立正确的数学模型。

实践越多就知道得越多，数学实践活动既能使学生巩固学过的知识，又能提高学生应用数学知识解决实际问题的能力。只有让学生参与数学实践，才能让学生真正学好数学，所以开发综合运用数学知识的活动，让学生学以致用，理论联系实际，把学习知识和运用知识有机结合，能更好地强化学生的数学应用意识，提高学生解决实际问题的能力。

实践性作业往往取材于生活，让学生置身于生活情境之中，运用所学知识分析问题与解决问题。设计实践性作业可以真正实现学习与生活的有效连接，切实达到学以致用的目的。因此，教师要适当设计实践性作业，使学生运用数学知识、技能和方法解决生活中的实际问题，从而让学生真正体会数学的应用价值。

在设计实践性作业时，要关注三个方面：一是要有鲜明的立意，明确实践性作业的目的，让学生动起来；二是要设计有价值的驱动性任务，既要考虑完成此项作业需要用到哪些知识、技能，也要考虑生活中的实际问题与情境，让学生能够真正动起来；三是要提供学习单等学习支架，让学生有效地动起来。

例如，在教学"面积和面积单位"时，为让学生体验1平方千米的大小，教师组织学生到农田去体验，了解1平方千米大约有多大，使学生有个参照对象，方便了以后单位名称的实际应用。在教学"长方形的面积"时，教师让学生回家测量自己的卧室，帮助自己计算装修房间所需要地砖的面积及费用。

五、学科融合，主题项目学习

跨学科作业是对学习资源的一种重新整合，这类作业有利于拓展知识视野、淡化学科界限，有利于灵活运用知识解决实际问题。一个真实的数学问题的解决往往既需要数学的知识与技能，也需要多种学科的知识与技能共同参与，这就需要教师在设计作业时打破学科壁垒，尝试设计跨学科的作业，使学生掌握利用多种学科知识与技能解决问题的能力，进而培养学生多角度探索思考的意识和能力。在设计跨学科作业时，要以数学学科为主体，以解决生活中的数学问题为切入点，适当融入语文、科学、美术等多学科知识，以多学科的学习视角激发学生的探究乐趣，拓宽学生的视野。

现在以人教版四年级下册综合与实践"营养午餐"为例进行说明。

1. 课程背景：立足真实情境

我市下发关于饭堂管理相关规定，明确有条件的学校自主经营。学校饭堂的运行方式发生改变，引起了收费调整，但涉及上调餐费，家长、学生对饭堂饭菜品质的意见比较多。例如，学生层面：学校饭堂的菜不好吃；家长层面：菜式不多，比较单一；社会层面：菜究竟够不够营养。此时此刻，如果单方面向学生解释饭堂的出发点，估计学生不容易"买账"，觉得饭堂在"讲大道理"；而学校饭堂也应该以生为本，关注学生的合理诉求，尝试在合理范围内作出调整。

有了这个契机，我们就选择了"营养午餐"这个主题，尝试让学生深入其中，通过一系列实践活动，如调查、收集意见、统计数据、学习营养搭配、判断营养标准、撰写建议书、烹饪、参观饭堂、递交建议书等，让学生全面了解学校午餐的营养问题，明白饭堂午餐搭配的基本原理，同时提供机会让学生尝试有理有据地向饭堂相关负责人提出自己的意见（递交建议书）。

本次研究活动结合学生生活实际问题（学校午餐问题），尝试从多个实践角度（调查、收集意见、统计数据、学习营养搭配、判断营养标准、撰写建议书、烹饪、参观饭堂、递交建议书等）让学生综合应用数学知识（统计、搭配、对比、优化、计算等）。在STEAM教育理念的启发下，我们融合了数学、卫生与健康、信息、烹饪、语文等相关学科，在活动内也注重科学、美术、技术等技能的融合，做到数学与生活实际结合、数学与其他学科融合、数学内部知识有效"联动"，确保本次综合与实践活动的数学味、实践性、参与性。（见图10-3）

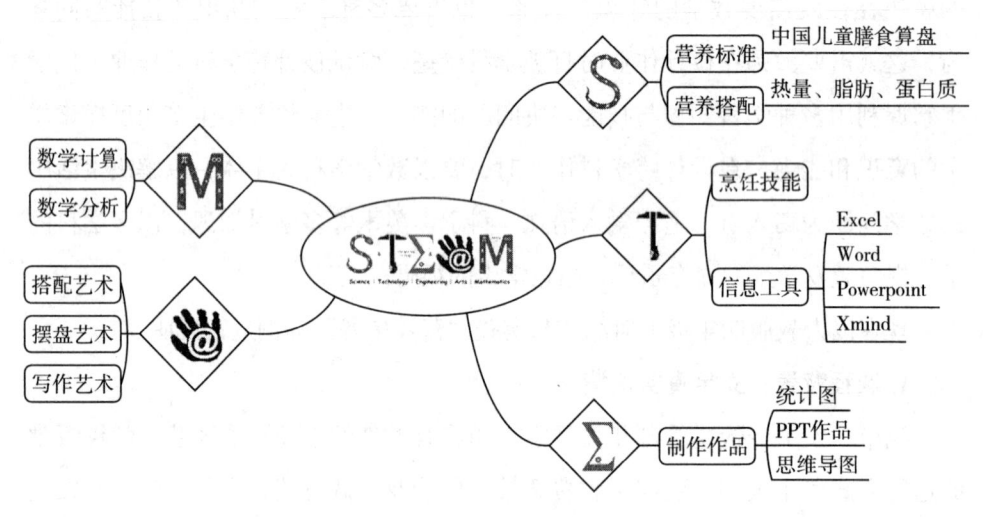

图10-3 "营养午餐"STEAM匹配元素

2. 课程内容：单一走向融合

在人教版"营养午餐"教学中，我们改变了传统的教学方式，基于STEAM理念的项目式教学，开发了"营养午餐"系列课程，这个课程适用于四年级的综合与实践STEAM课程内容（开题课、营养课、信息课、数学课、语文课、烹饪课、结题课）。部分学校四年级学生已经开始接触烹饪课和信息课，而数学课的学习中，学生已经有了搭配、统计、整数加减法等知识储备。我们希望以数学知识为主线，通过多学科的融合，培养学生综合运用有关的知识与方法解决实际问题的能力，培养学生的问题意识、应用意识和创新意识，帮助学生积累活动经验，提高学生解决现实问题的能力。

3. 课程目标：提高应用意识

综合与实践"营养午餐"STEAM课程设计多个学科的实践活动。（见图10-4）

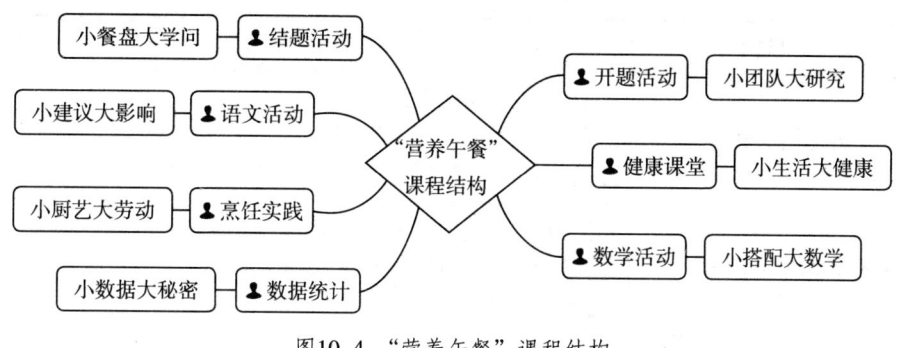

图10-4 "营养午餐"课程结构

"营养午餐"课程结构：
- 结题活动 — 小餐盘大学问
- 语文活动 — 小建议大影响
- 烹饪实践 — 小厨艺大劳动
- 数据统计 — 小数据大秘密
- 开题活动 — 小团队大研究
- 健康课堂 — 小生活大健康
- 数学活动 — 小搭配大数学

课程目标是：

（1）学生根据学校午餐的情况，自主提出看法和意见（品种单一、味道不好等），并在这个基础上，找出问题的关键（合理搭配、营养标准等），并提出解决问题的方法（科学搭配、符合口味，调查、提建议等），体会发现问题、提出问题、解决问题的研究思路。

（2）学生通过设计调查问卷、收集意见、调查统计数据等，具体了解同学们（四年级）对学校午餐的意见，从中明白要客观、全面地看待问题，用数据说话。

（3）针对学生提出的解决问题的方法，筛选合适的实践活动，如学习营养搭配、掌握统计数据的方法、判断营养标准、撰写建议书、烹饪、参观饭堂、提交建议书等，一步一步地引导学生在综合与实践活动中，综合运用数学知识与方法解决实际问题，培养学生的问题意识、应用意识和创新意识，提高学生科学地解决现实问题的能力。

课时目标见表10-1。

表10-1 课程课时教学目标

课题	教学目标
"小团队大研究"	1.分成小组，明确名称，确立口号，确定方向 2.提出问题：学校的午餐不好吃 3.制订研究计划 4.学会制作问卷

续 表

课题	教学目标
"小生活大健康"	1.理解膳食平衡的意义 2.了解膳食算盘的六大类食物 3.搭配自己喜欢的午餐套餐
"小搭配大数学"	1.学会统计套餐中的热量、脂肪、蛋白质 2.学会根据统计数据分析问题、解决问题 3.学会搭配营养午餐
"小数据大秘密"	1.学会在Excel电子表格中输入数据 2.掌握对数据进行简单求和的方法 3.能够根据数据的特点选择合适的图表类型
"小厨艺大劳动"	1.实践中学会健康营养搭配 2.掌握不同菜式烹饪技巧
"小建议大影响"	1.初步了解建议书的写作格式和方法 2.能写一封简单的建议书 3.合理运用材料作为建议书的内容
"小餐盘大学问"	1.向学校递交建议书 2.学会利用工具总结综合实践活动中的收获 3.学会全面分享活动收获 4.学会多元评价自我、他人、团队的表现

4. 整体规划：提高解决问题能力

本课程设计的综合实践活动分三个阶段的课程：开题课、阶段课、结题课。其中阶段课包含七个不同学科的STEAM课程：开题课、营养课、信息课、数学课、语文课、烹饪课，结题课。每个阶段每个活动的具体目标和任务如下。

第一阶段：开题课，明确分工任务

目标：学生根据学校午餐的情况，自主提出看法和建议。教师调动学生全体参与讨论、发现问题、提出问题，并在这个基础上，找出解决问题的方法。学生收集意见，制定调查问卷，并对四年级进行问卷调查。

任务：开题课上，教师引导学生讨论学校午餐的问题。学生自由组合成活动小组，自己设计小组组名和口号；小组内部讨论，自主发表自己的意见和看法；提出问题后，填写小组活动任务单，把小组内认为可以解决问题的方法归纳出来，并向同学们汇报。教师引导学生确定本次活动的实践方向。课后开展第一项实践活动：调查四年级学生对学校午餐的满意度和意见，同时了解同学们的饮食习惯。（见图10–5）

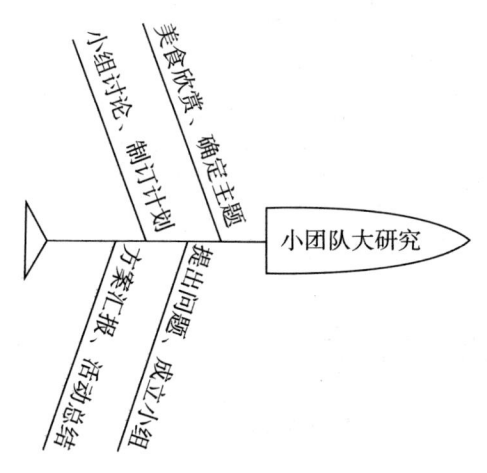

图10–5 开题课教学流程

第二阶段：STEAM课程，多维度研究项目

目标：在活动中，学生综合运用数学知识与方法解决实际问题，学会科学、客观地解决问题，提高解决现实问题的能力。

任务：学生参与一系列活动：学习营养搭配、掌握统计数据的方法、判断营养标准、撰写建议书、烹饪、参观饭堂、提交建议书等。

（1）营养课

通过科学的引导，学生学习营养搭配的原理，学会营养搭配，并具体分析学校午餐的食物种类；在满足营养成分的基础上进行个性化设计，自主搭配自己喜欢的午餐套餐。（见图10–6）通过这个活动，学生会明白，我们的午餐需要科学搭配六大食物种类：谷薯类、蔬菜类、水果类、肉类、大豆坚果奶类、油盐类。

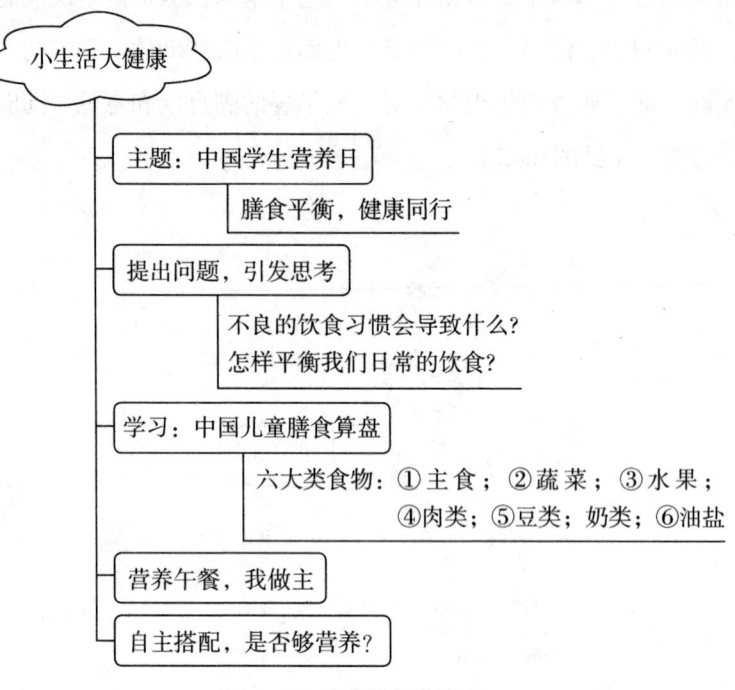

看见·思维——指向数学核心素养的可视化教学

```
                小生活大健康
                    │
            ┌───主题：中国学生营养日
            │        └──膳食平衡，健康同行
            │
            ├───提出问题，引发思考
            │        ├──不良的饮食习惯会导致什么？
            │        └──怎样平衡我们日常的饮食？
            │
            ├───学习：中国儿童膳食算盘
            │        └──六大类食物：①主食；②蔬菜；③水果；
            │                      ④肉类；⑤豆类；奶类；⑥油盐
            │
            ├───营养午餐，我做主
            │
            └───自主搭配，是否够营养？
```

图10-6　营养课教学流程

（2）信息课

在教师的引导下，学生制定表格，运用多种计算机辅助方法，根据营养成分的具体数据，自行核算午餐套餐的总热量、脂肪、蛋白质等。（见图10-7）在这个活动中，学生掌握筛选数据、统计数据的方法，并把相关数据统计出来，对自己设计的午餐数据有了一定的理性认识。

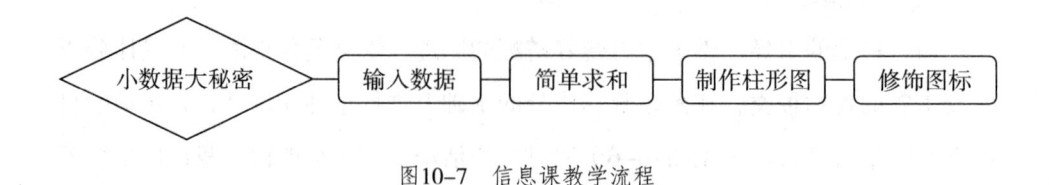

```
⟨小数据大秘密⟩──▶[输入数据]──▶[简单求和]──▶[制作柱形图]──▶[修饰图标]
```

图10-7　信息课教学流程

（3）数学课

学生分析营养成分与营养标准的关系；对照10岁儿童的营养标准，学生对自己设计的午餐套餐进行数据分析，判断是否符合营养标准；不符合标准的午

餐套餐学生重新调整；投票选出最喜欢的午餐套餐。（见图10-8）在这个活动中，学生能体会到午餐不能够任性地想吃什么就多吃什么，而是既要合理搭配，也要符合营养标准，还要兼顾大部分同学的口味（投票）。

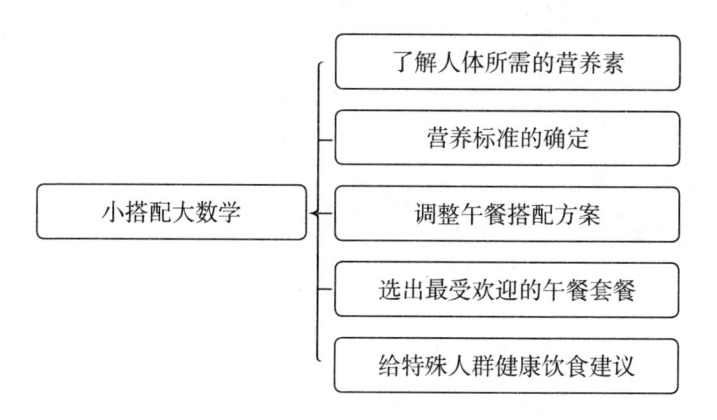

```
                    ┌─── 了解人体所需的营养素
                    │
                    ├─── 营养标准的确定
                    │
  小搭配大数学 ◄────┼─── 调整午餐搭配方案
                    │
                    ├─── 选出最受欢迎的午餐套餐
                    │
                    └─── 给特殊人群健康饮食建议
```

你最喜欢的午餐套餐

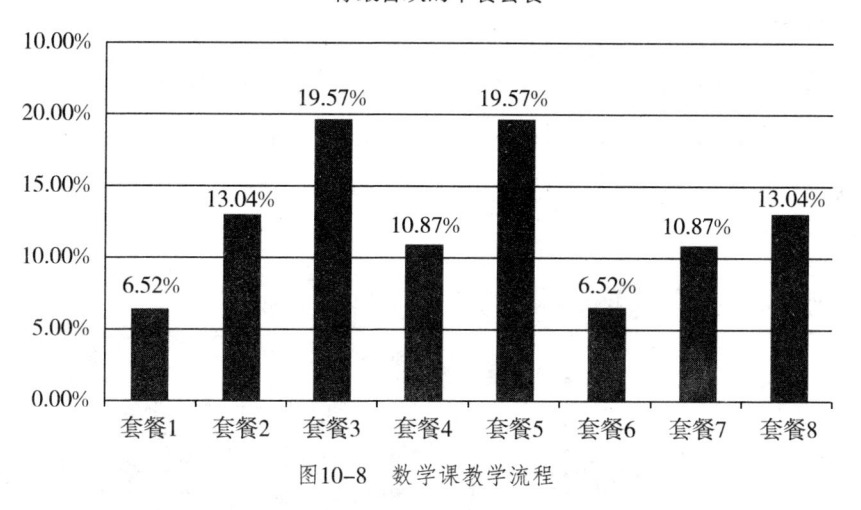

套餐	百分比
套餐1	6.52%
套餐2	13.04%
套餐3	19.57%
套餐4	10.87%
套餐5	19.57%
套餐6	6.52%
套餐7	10.87%
套餐8	13.04%

图10-8　数学课教学流程

（4）语文课

根据开题课后进行的问卷调查所得到的数据，同时结合STEAM课程的活动体验（搭配午餐套餐、统计营养成分的数据、投票选出最受欢迎套餐），学生形成了有理有据的材料，"起草"撰写建议书，给学校饭堂提出合理的建议。（见图10-9）通过这个活动，学生会明白，提出建议要做到科学、合理，用数据说话，不能只根据自己的喜好来判断。

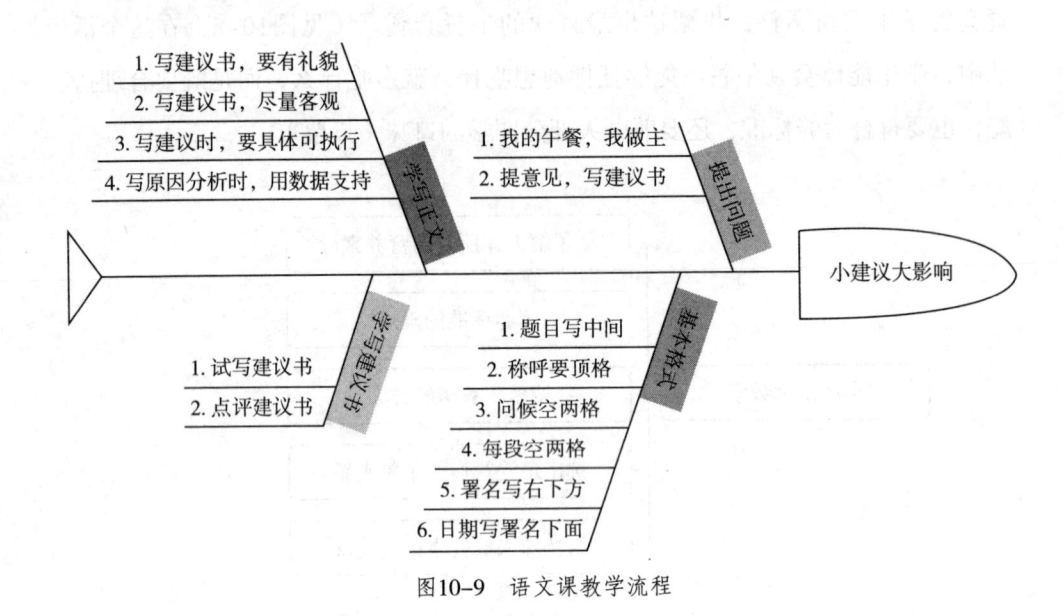

看见·思维——指向数学核心素养的可视化教学

图10-9 语文课教学流程

（5）烹饪课

学生把投票选出的最受欢迎的午餐套餐烹饪成菜肴并摆盘，同时相互品尝、点评。（见图10-10）在这个活动中，学生学会分工与合作，既体验到劳动最光荣的快乐，也体会到劳动的不易，会更尊重他人的劳动成果。

图10-10 烹饪课教学流程

第三阶段：结题课，提出合理化建议

目标：回顾一系列STEAM课程的活动（营养课、信息课、数学课、语文课、烹饪课），学生学习了营养搭配，掌握了统计数据的方法，学会了判断营养标准，撰写了建议书，并亲自下厨烹饪，综合运用数学知识与方法解决实际问题的能力得到了提升，也落实了开题课时提出的用多种方法解决问题。结题课上，学生认真地总结本次活动的收获，并对小组与个人进行活动评价。（见图10-11）

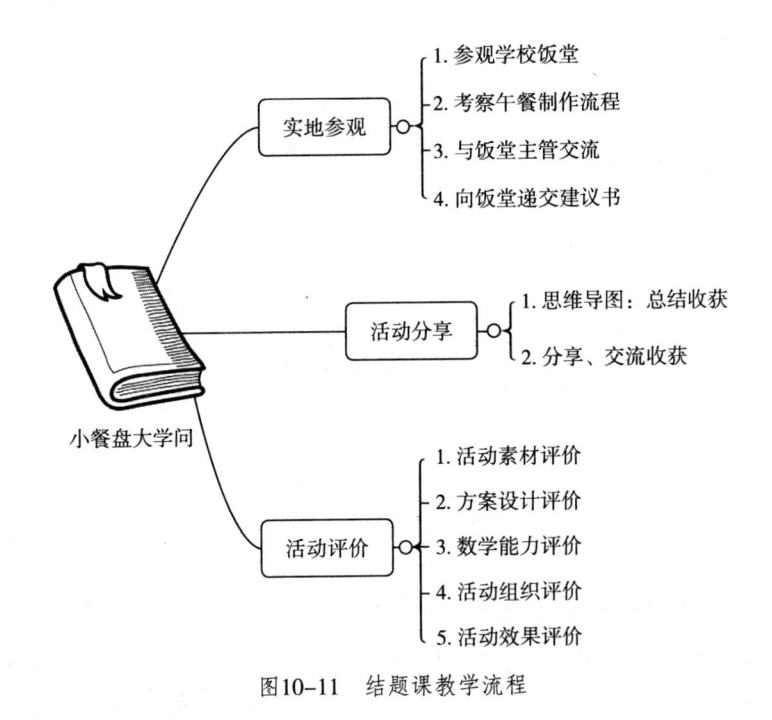

小餐盘大学问
- 实地参观
  1. 参观学校饭堂
  2. 考察午餐制作流程
  3. 与饭堂主管交流
  4. 向饭堂递交建议书
- 活动分享
  1. 思维导图：总结收获
  2. 分享、交流收获
- 活动评价
  1. 活动素材评价
  2. 方案设计评价
  3. 数学能力评价
  4. 活动组织评价
  5. 活动效果评价

图10-11　结题课教学流程

任务：在撰写好建议书的基础上，学生参观饭堂，并向饭堂负责人递交建议书，合理表达对午餐问题的诉求；小组合作，用思维导图等方式，总结本次综合与实践活动的收获，并大方自信地与全班同学分享；结合评价表，对小组与个人进行活动评价。（见图10-12）

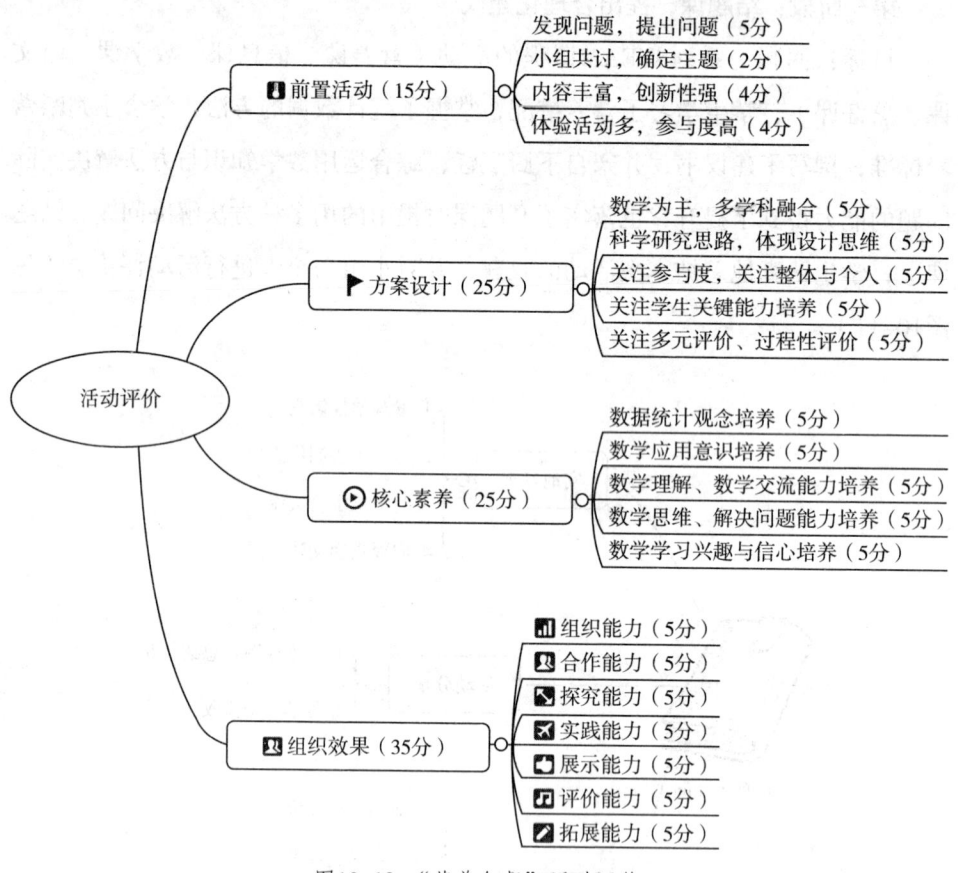

```
                                    ┌ 发现问题，提出问题（5分）
                                    │ 小组共讨，确定主题（2分）
                    前置活动（15分）─┤
                                    │ 内容丰富，创新性强（4分）
                                    └ 体验活动多，参与度高（4分）

                                    ┌ 数学为主，多学科融合（5分）
                                    │ 科学研究思路，体现设计思维（5分）
                    方案设计（25分）─┤ 关注参与度，关注整体与个人（5分）
                                    │ 关注学生关键能力培养（5分）
                                    └ 关注多元评价、过程性评价（5分）

  活动评价                            ┌ 数据统计观念培养（5分）
                                    │ 数学应用意识培养（5分）
                    核心素养（25分）─┤ 数学理解、数学交流能力培养（5分）
                                    │ 数学思维、解决问题能力培养（5分）
                                    └ 数学学习兴趣与信心培养（5分）

                                    ┌ 组织能力（5分）
                                    │ 合作能力（5分）
                                    │ 探究能力（5分）
                    组织效果（35分）─┤ 实践能力（5分）
                                    │ 展示能力（5分）
                                    │ 评价能力（5分）
                                    └ 拓展能力（5分）
```

图10-12 "营养午餐"活动评价

整个项目精准培养学生的组织能力、合作能力、探究能力、实践能力、展示能力、评价能力、拓展能力等；培养了学生综合运用有关知识与方法解决实际问题的能力；培养了学生的问题意识、应用意识和创新意识，帮助学生积累活动经验，提高了学生解决现实问题的能力。

应用意识的培养是引导学生用数学的眼光观察现实世界，从表面现象中抽象出数学问题并进行数学探究的重要渠道。让学生在实践中养成从数学角度观察现实世界的意识与习惯，提升洞察力、论证力、创造力，就是在培育学生的核心素养，发展学生的数学眼光。让学生在活动中学数学、做数学、用数学，学会数学地思考，使学生的思维变得条理化、清晰化、精确化、概括化，进而促进学生数学素养的形成，促进学生应用意识的提升。

第十一章

创新思维，
让成长价值可见

创新意识主要是指主动尝试从日常生活、自然现象或科学情境中发现和提出有意义的数学问题。初步学会通过具体的实例，运用归纳和类比发现数学关系与规律，提出数学命题与猜想，并加以验证；勇于探索一些开放性的、非常规的实际问题与数学问题。创新意识有助于形成独立思考、敢于质疑的科学态度与理性精神。

——《义务教育数学课程标准（2022年版）》

《论语》中的一则小故事：孔子在游学时遇到一个难题，要用一根细线穿过一颗宝珠，宝珠有孔弯曲不直，孔子和他的弟子们费了九牛二虎之力，也没能把细线穿过去。就在他们没有办法时遇到了采桑女，从她那儿找到了解决难题的诀窍，孔子和弟子们找来一只蚂蚁，把线系在蚂蚁的腰上，放在孔的一端，在孔的另一端涂上蜂蜜，蚂蚁嗅到了甜味，带着细线很快钻过去了。

从这个故事中，我们得到了什么启示呢？条条大路通罗马，那就是当探索遇到难题的时候，用孔子请教采桑女"蚂蚁穿线的方法"启发发散性思维，积极开动脑筋，寻找解决问题的办法，创新意识悄然萌芽。

小学阶段是培养学生创新意识和创新能力的关键时期，小学生是最容易接受新生事物，最富创新精神的一个群体。学生在小学阶段保留着一定的童真和质疑能力，教师应引导学生进行思维创新，帮助学生树立创新意识，形成初步的创新能力。

《中国学生发展核心素养》在实践创新核心素养中也对如何发展学生创新素养提出了明确的要求。可见，学会实践创新，形成良好的创新素养是学生必备的数学核心素养之一。培养学生的创新意识、创新精神、创新思维、创新能力等创新素养是数学教学的一项重要任务。因此，在教学中教师要积极创造条件，改进学生的学习方式，把培养学生的创新素养落到实处，开创创新教学的新天地。

一、创新环境，营造宽松环境

民主、轻松、和谐的课堂氛围有利于激发学生思考，有利于学生迸发创新的灵感。教师要善于营造民主、轻松、和谐的课堂氛围，为学生提供良好的创新环境。课堂教学是师生积极参与、交往互动、共同发展的心路历程，因此，教师要营造民主、轻松、和谐的课堂氛围，努力建构师生学习共同体，处理好两种关系：一是民主和谐的师生关系。教师要拥有一颗博爱之心，读懂学生，尊重学生，珍爱每一个学生，通过信任的、平等的沟通方式让学生找到自信，点燃创新思维的火花，拨动思维的琴弦。二是和谐共生的生生关系。共同的学习目标、良好的班风和强烈的集体荣誉感是同学之间良好的情感基础，树立共同的学习目标，相互启发，相互合作，才能让自我认同与悦纳他人相得益彰。师生只有在相互信任、抱团成长的温暖氛围中积攒创新能量，才能碰撞出智慧的火花，储备创新的方法，建立创新的自信，进而培养创新意识。

1. 自由猜想：创新的生长点

小学生的猜想是在逻辑思维受阻而无法跨越时，由知识和经验重组而产生的思维飞跃。教学中，我们要在学生创新思维火花迸发之际，及时引导点拨，让他们经历从具体事实出发提出猜想的过程，教会学生在合情推理的基础上积极猜想，使学生获得探究、发现的体验。

要引导学生猜想，使其萌发创新意识，应充分利用数学知识本身的魅力。无论是概念的产生，公式、定义的发现，规律的探索，还是解决问题的方法、途径，教师都可以引导学生去猜想。因此，我们应深入挖掘教材资源，选择合适的学习材料，寻找培养学生猜想能力的生长点，为学生的猜想提供更多的机会，让学生的猜想有根源。

案例链接

平行四边形的面积——猜想

师：（拿出平行四边形的卡片）它的面积怎样计算？你能大胆猜想一下吗？

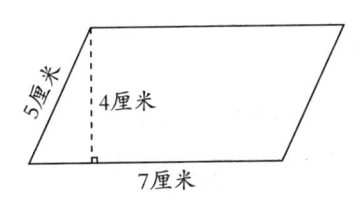

生₁：底乘以高。

师：这个同学大胆提出了自己的猜想，老师把你的猜想记下来。还有谁愿意把自己的猜想表达出来？

生₂：这两条边相乘。

师：你来指一指。大家看，这条边是平行四边形的底，这条边是和这条底边相邻的边，我们就叫它邻边吧。老师也把你的猜想记下来了，那就是底乘以它的邻边。

师：刚才大家的猜想都提到了平行四边形的底、高和它的邻边，为了便于研究，老师给出这几个数据，算算每种猜想的结果是多少。

……

生：（齐）28平方厘米。

师：第二种呢？

生：（齐）35平方厘米。

师：到底哪种猜想对？

学生起争议，有人喊第一种猜想对，有人喊第二种对。

师：看来大家的意见不统一，怎么办？

生：（七嘴八舌）量一量、算一算、验证验证……

上例中教师引导学生根据长方形的面积计算公式进行了大胆的猜想。学生猜想平行四边形的面积可能是底乘以高，也可能是底乘以它的邻边。出示相关的数据学生计算后，发现猜想的结果是不相同的，从而引起争议，学生产生了强烈的要实践验证的愿望。

2. 操作空间：创新的思维点

动手操作是学生学习数学的重要方式，它不仅有利于促进学生突破思维瓶颈，探寻数学方法，助力思维发展，也顺应了学生好动、好想、好表现的特点。数学课堂上的动手操作应基于儿童立场，指向儿童创新思维发展。教学中，教师要顺应学生的学习心理和认知水平，让他们自然地操作；在学生表达操作结果时，相机引导他们从结果回归过程，并通过问题点燃、表征、驱动思维解决问题。这样的教学既符合学生的认知情感和认知现实，又能使操作与思维融合、过程与结果并行，有助于实现学生操作能力和创新思维素养的同步发展。

> **案例链接**

平行四边形的面积——验证

师：请小组长打开学具袋，分给小组同学每人一个平行四边形，我们一起探讨平行四边形的面积和什么有关。看看哪个小组探索的速度快。

课件出示操作要求：

（1）观察思考：平行四边形和什么图形有关？
（2）标出平行四边形的底和高。
（3）动手剪一剪、拼一拼。

学生小组合作动手操作，教师巡视指导，并收集、展示学生的作品。

展示学生的作品1：

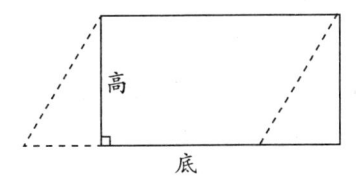

生₁：我是沿平行四边形的高剪下一个三角形，平移到另一边拼成一个长方形，长方形的面积与原来平行四边形的面积相等。

展示学生的作品2：

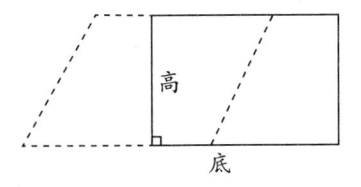

生₂：我是沿平行四边形的任意一条高剪开形成两个梯形，把左边的平移到右边，拼成一个长方形，长方形的面积与原平行四边形的面积相等，长方形的长相当于原平行四边形的底，长方形的宽相当于原平行四边形的高。

展示学生的作品3：

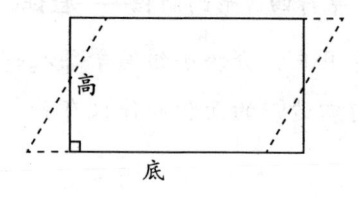

高
底

生₃：我是从平行四边形较短一组对边的中点分别向一条底边作垂线，沿垂线剪开后再把两个小直角三角形旋转180°，就形成了一个长方形。长方形的面积与原平行四边形的面积相等，长方形的长相当于原平行四边形的底，长方形的宽相当于原平行四边形的高。所以平行四边形的面积=底×高。

师：为什么要沿着高剪开呢？

生₄：要转化成长方形，长方形有4个直角。

师：转化成长方形后，什么变了，什么没变？

生₅：与原来平行四边形相比面积没变，平行四边形的底变成了长方形的长，平行四边形的高变成了长方形的宽，所以平行四边形的面积=底×高。

师：所以我们的猜想中只有7×4正确。

师：为什么要转化成长方形而不转化成其他图形呢？（师生互动讨论）

师：（小结）不论什么样子的平行四边形都可以转化成长方形，所以平行四边形的面积都可以用底×高来计算。

该操作活动呈现了思考、探索的要求，注重突出学生自主活动的目的及学生高阶思维的发展。学生动手剪一剪、拼一拼，先将图形转化为已经学过的图形，再通过合作学习的方式，探索转化后的图形与原平行四边形的联系，从而发现平行四边形的面积计算公式。

3. 语言表达：激发思维内化

数学教学过程是教师引导学生进行思维活动的过程，思维的发展同语言的发展是紧密相关的，思维需要借助语言来表达。说是语言的口头表达形式，是思维的外壳，教师在教学中应有目的、有计划地为学生创设说的机会，培养学生用准确、简练、清晰的数学语言表达自己的思维过程和结果。

验证操作是为了帮助学生理解相关概念、原理，引发合乎逻辑的思考。从动手操作到数学思考的过程离不开语言表达，清晰、连贯的表达有助于把操作活动中获得的认识和体验内化为真正意义上的数学思考。在指导学生动手操作时，教师要注意多让学生用数学语言有条理地叙述操作过程以及相应的思维过程，把动手操作、动口表达、动脑理解有机结合起来，促进学生的感知有效地转化为内部的智力活动，进而达到深化理解的目的。

例如，在教学"平行四边形的面积"时，学生讨论汇报环节，教师让学生演示剪、拼的过程，引导学生观察原平行四边形和转化后的长方形，对它们的底（长）、高（宽）和面积进行比较，这是推导平行四边形的面积计算公式的关键，也是学生学习的难点。学生在展示交流中手、脑、口并用，体现了深入理解知识的形成过程。教师追问"为什么要沿着高剪开呢？"使学生知其然更知其所以然。师生利用课件共同观察、验证转化前后两个图形之间的等量关系，推导出平行四边形的面积=底×高。"为什么要转化成长方形而不转化成其他图形？"的追问迫使学生深入思考，发现平行四边形与转化后的长方形的联系。最后小结升华"不论什么样子的平行四边形都可以转化成长方形"，因此求任何形状的平行四边形的面积都可以用底×高来计算。

二、创新基础，发现提出问题

问题是学生学习的目标、动力和途径，引领学生提出新问题更是创新的萌芽，正如李政道先生所说："要创新，需学问，只学答，非学问，问愈透，创更新。"所以，在学生的数学学习过程中，问学交融，引领学生不断提出新问题就显得尤为重要。实践证明，"课始面对课题或情境，引领学生提出新问题—课中解决完核心问题，引领学生提出新问题—课末拓展应用提高时，引领学生提出新问题"是培养学生提问能力，引领学生进行深度学习的有效策略。

"问题是数学的心脏。"有了问题，思维才有方向；有了问题，思维才有动力；有了问题，思维才有创新。问题是激发学生思维的起点，小学数学教学过程应该是学生不断发现和提出问题、分析和解决问题的过程。教师要把学生发现问题、提出问题作为课堂教学的重要环节，让学生实现"参与—介入—卷入"的转变，以主人翁的态度，把自己卷入学习进程，真正实现自主学习和深度学习。问题提出有利于学生创新能力的培养，有利于学生主体积极参与数学活动。如果说敢于质疑是一种优秀品质，那么善于质疑则需要一种智慧，它是探究思维的一种更深层次的体现。因此，在教学中教师应努力营造质疑的氛围和机会，使学生敢想、敢问、敢于交流，从而发挥灵活敏捷的思维和丰富的想象力，进而不断创新。

1. 课题情境的问题

让学生对课题或情境进行提问，能充分暴露学生思维，顺应其思维路径，解决学生自己感兴趣的问题，将学生带到真正的学习中来。学生从不同角度提出很多问题，教师要引领学生对问题进行梳理，不断聚焦本节课要研究的核心问题或者称之为基本问题，通过对核心问题的解决最终完成学习任务。例如，在教学"乘法分配律"这节课时，教师引导学生围绕课题提出问题："关于乘法分配律，你想研究哪些方面的内容？"

生$_1$：什么是乘法分配律？

生$_2$：学习乘法分配律有什么用？

生$_3$：乘法分配律是谁发明的？

生$_4$：其他运算有分配律吗？

生$_5$：乘法分配律对解题有没有帮助？

……

学生围绕课题提出问题后，教师通常会引导学生讨论："这些问题中哪个需要最先解决？哪个问题更重要？解决哪个问题后其他问题就能迎刃而解了？"讨论的过程会加深学生对所要解决问题的认识，会使学生不断聚焦本节课的核心问题，即"什么是乘法分配律？学习乘法分配律有什么用？"激发学生的探究欲望，使学生主动投入到探究问题的过程中，引发思维共振，同时感受到学习数学的乐趣和价值。

2. 类比联想的问题

在分析解决核心问题的过程中，通过类比联想可以不断产生新的问题。例如，在教学"乘法分配律"这节课时，学生深度思考后，利用已有学习经验会联想到其他运算是否有分配律，三个、四个或更多因数的乘法中乘法分配律是否成立等问题。

生$_1$：有除法分配律吗？

生$_2$：是否有加法、减法分配律？

生$_3$：对于三个因数的乘法，乘法分配律成立吗？

生$_4$：除法分配律如果成立，和被分配的数有倍数关系吗？

生$_5$：为什么乘法可以分配，而加法、减法不可以？

……

研究完乘法分配律后，学生通过类比联想，抛出一个个思维含量很高的问题，把课堂温度的提升建立在思维的深度之上，环环相扣的问题由表及里，使学生思维得到延伸。类比联想是培养学生提出问题能力的重要方法，为会提出问题、能提出问题、能提出好问题作好了铺垫。学生通过比较知道什么是好问题，明确了自己努力的方向。

3. 变换角度的问题

教师基于数学学习中的核心问题，利用变换角度的方法，给学生搭好提出问题的脚手架，让学生提出问题时有法可循，从而使学生学会提出问题，能提出有思维含量和富有挑战性的好问题，并逐步积累发现和提出问题的经验。

例：四边形的内角和是多少度？（见图11-1）

图11-1 四边形内角和

例如，在教学"三角形的内角和"这节课时，探究完"三角形的内角和是180°"这个问题后，引导学生变换角度进行提问："四边形的内角和是多少度？""内角和是180°的图形一定是三角形吗？""六边形的内角和是多少度？""n边形的内角和是多少度？"（见图11-2）

长方形和正方形的4个角都是直角，它们的内角和是360°。

我把这个四边形的4个角剪下来，拼成了一个周角。

我把这个四边形分成2个三角形。

180°+180°=360°

图11-2　四边形内角和探究过程

4. 改变条件的问题

课堂上，当学生解决完核心问题后，教师可以引导学生在已有问题的基础上改变信息，再次提出新问题，培养学生提出问题的意识以及思维的灵活性和独创性。例如，在教学"相遇问题"这节课时，探究完解决相遇问题的方法后，教师出示新情境，要求学生先把题目中的信息改变，再提出问题。

学生改变情境信息提出如下问题：

生$_1$：如果两家不在一条直线上，会怎么样呢？

生$_2$：如果不是相背而行会怎么样呢？

生$_3$：如果不是同时出发会怎么样呢？

生$_4$：如果同时出发，行走3分钟会怎么样呢？

……

在改变信息后再提出问题的学习活动中，学生的思维和情感深度参与，在教师的鼓励下学生不断地提出新颖的问题，积累提问的经验，形成良好的创新思维品质。

三、创新核心，多维思考问题

由于学生的生活背景不同、思考问题的角度不同，因而对于同一个问题，他们可以想出不同的方法。这些方法都是学生自己的方法，有的方法并不高明，甚至有的方法并不合理，但却是学生独立思考的结果。

例如小狐狸的故事：从前，山上住着一只粗心的小狐狸。这一天，妈妈让它背着8块马铃薯到外婆家去。一接到这个任务，小狐狸高兴得一蹦三尺高，马上背起马铃薯出发了。一路上，它哼着歌往前走。可是，走着走着，小狐狸觉得有点不对劲，怎么越背越轻了。它赶紧停下脚步，打开袋子一看，怎么只剩下3块马铃薯了？原来，小狐狸背的袋子破了一个洞，马铃薯就是从这个破洞掉下去的。后来，小狐狸到了外婆家。

小朋友，你能猜猜看，小狐狸可能背了几块马铃薯到外婆家吗？

生1：0块，小狐狸很粗心继续往前走，马铃薯都丢光了。

生2：3块，小狐狸绑好破洞，带着剩下的马铃薯到了外婆家。

生3：8块，小狐狸绑好了破洞，又回去捡丢掉的5块马铃薯。

生4：6块，小狐狸捡回3块，还有2块被小兔捡走了。

生5：5块，小狐狸在路上碰到一只饿了的小狗，就送给它3块。

师：刚才几个同学说的都有道理，其实如果从不同角度去想，还可以说出更多、更精彩的原因。同学们，你们认为像这样从不同角度来想问题，有趣吗？

教师要尊重学生的个体情况，并不要求每一个学生都能用几种不同的方法解决问题，它不同于一题多解。一题多解是学生个体能力的表现，是对每一个学生提出的学习要求，是一种很高的学习要求，在某种程度上说是很难达到的要求。算法多样化是群体学习能力的表现，是学生集体的"一题多解"，是学习个性化的体现。

独立思考、学会思考是创新的核心。教师要围绕核心问题，巧设驱动问题，激发学生的思考欲望，同时给学生留足思考时间，适时引导学生分享交流，在自学、互助、分享等一系列自主探究学习活动中，让学习真正发生，让创新意识"有备而来"。

案例链接

组合图形的面积

师：要求铺客厅地板大约花多少钱，首先必须知道客厅的面积，我们必须测量相关的数据。

师：如果你来解决这个问题，需要测量几个数据呢？（学生观察与猜测）

师：你能根据这些数据计算出客厅的面积吗？

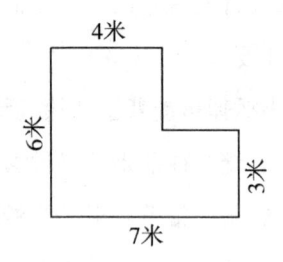

（学生先独立解决，再以小组为单位交流方法并展示）

1. 分割法

展示学生作品：

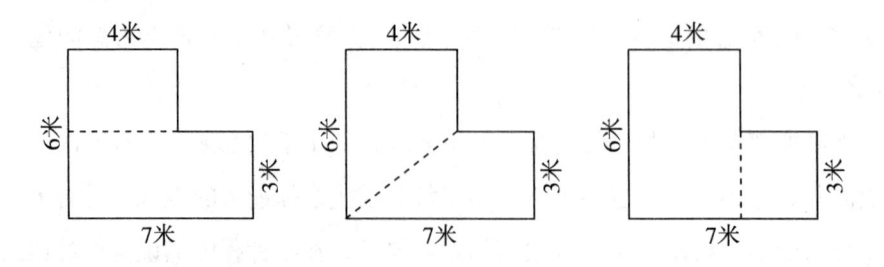

生₁：我们的方法是把这个组合图形分成上下两个长方形，通过求两个长方形的面积之和得到组合图形的面积。

生₂：我们的方法是把这个组合图形分成两个梯形来求面积。

生₃：我们的方法是把这个组合图形分成左边的大长方形和右边的小正方形来求面积。

师：认真对比，你们发现这三种方法有什么共同点？

生：都是把组合图形分成基本图形。

师：像这样，把一个组合图形分成几个基本图形，通过求基本图形的面积之和来求组合图形的面积的方法叫作分割法。

师：继续观察下面这两种方法，你们能评价一下吗？

课件出示：

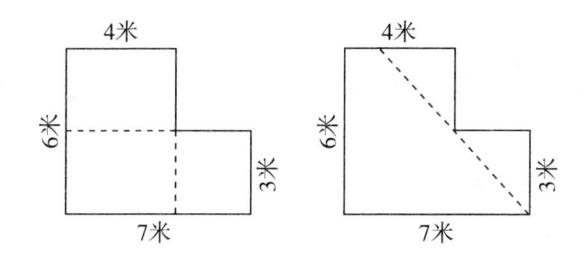

生：第一种方法分割得太多了，这样会增加我们计算的难度。

师：那你想提醒大家什么呢？

生：分割的时候不是分割得越多越好，要尽量少分，才能保证计算简洁。

师：对，这就是我们运用分割法时的第一个原则——少分。

师：对于第二种分法，谁来评价一下？

生：不能任意分割，要考虑分割后的数据合不合理，能不能计算。

师：这就是提醒我们，运用分割法时还要关注数据的特点。这就是分割的第二个原则——能算。

2. 添补法

师：除了分割法，还可以用什么方法呢？

生：我们还可以在这个图形的右边补上一个小正方形，用大长方形的面积减去小正方形的面积就得到这个组合图形的面积。

课件出示：

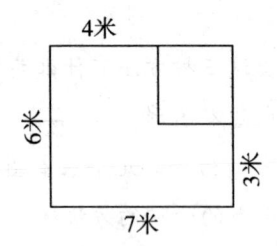

师：同学们，在数学上，我们把这种方法叫作添补法。

3. 割补法

师：还有不同的方法吗？

生：我还有不同的方法，可以把右边的这个小正方形平均分成两个长方形，然后把其中的一个割下来补在上面。这样就把原来的图形转化成一个长方形了。

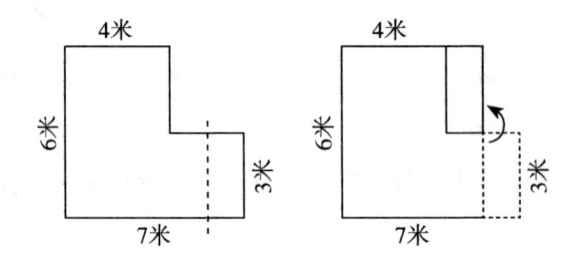

师：你们能给这种方法起个名字吗？

生：（齐）割补法。

该环节呈现了学生求组合图形的面积时不同计算方法的思维路径，引导学生展示真实的学习过程，更多着眼于学生对组合图形的分解想象过程。一方面引导学生关注转化方法的多样性以及不同方法的相同思考本质；另一方面引导学生感悟解决问题的合理性、灵活性，发展学生数学思维的深刻性、灵活性以及思辨性。让每一个学生都有丰富的知识体验和生活积累，每一个学生都会有各自的思维方式和解决问题的策略，都可以从事自己力所能及的探索。优秀生可以做得多而深些，学困生也不至于无从下手，学生通过自己的努力设计方案，得出正确结论，无论程度如何，都会带来成功的体验。算法多样化面向全体学生，能充分调动学生学习的积极性和主动性，能使每个学生在学习中都能得到更好的发展。

四、创新方法，归纳概括结论

弗赖登塔尔指出："学习数学的唯一正确的方法是实行'再创造'，也就是由学生本人把要学的东西自己去发现或创造出来，教师的任务是引导和帮助学生进行这种再创造工作，而不是把现成的知识灌输给学生。"对于动作思维占优势的小学生来说，活动是认识的基础，智慧是从动作开始的。创新对于小学生来说是一项创造性的学习活动，如果把学生的数学学习局限于"听"数学的间接经验层面，那么学生的创新热情就得不到激发，也难以实现创新。

创新意识是隐性的、长效的数学素养，是学生自己"做"出来的，是学生自己感悟和体验出来的，是学生在教学活动中积累出来的，是一种无须提醒的自觉。因此，教师要坚持让学生在"做"中慢慢积累创新经验；要努力开展物质化的实践活动，让学生通过摸一摸、折一折、比一比、画一画等看得见、摸得着的活动，亲自经历数学知识的再发现、再创造过程，让学生在"做"中学会数学、在"做"中学会创新。

例如，在教学"圆柱的体积"时，教师通过三个步骤，创新性地归纳结论。

1. 猜想：体积与谁有关

教师首先让学生猜测圆柱的体积与学过的长方体或正方体的体积有无关系？在什么条件下可能有怎样的关系？大部分学生猜测圆柱的体积可能等于它的底面积乘以高。

2. 验证：猜想的真实性

教师让学生验证猜测，给每个小组提供不同的、丰富的学习实验材料，并放手让各小组进行实验、探究、推理与交流，让学生不断经历艰辛的自主探索学习的过程，让学生亲历数学知识再发现、再创造的过程，最终各小组发现了求圆柱体积的不同方法。有的小组将圆柱体玻璃容器中的水倒入长方体或正方体容器中，再分别测出长方体或正方体容器中水的长、宽、高，计算出了圆柱体玻璃容器中水的体积；有的小组将圆柱体橡皮泥捏成长方体，计算出了圆柱体橡皮泥的体积；还有的小组将圆柱体铁块浸入长方体容器的水中，通过计算上升的水的体积或下降的水的体积，计算出了圆柱体铁块的体积。通过小组合作、动手实验，学生共同探究找到了多种利用转化方法求圆柱的体积的方法。

3. 归纳：概括结论公式

在此基础上，教师继续追问："如果要求圆柱形大柱子的体积，又该怎么办呢？"学生一致认为必须学会圆柱的体积计算方法。最后，教师引导学生利用手中的学具自己推导出圆柱的体积计算公式，并归纳概括出圆柱的体积=底面积×高，即$V=Sh$。

手和脑之间有着千丝万缕的联系，手使脑得到发展，使它更加明智。动手操作是帮助学生掌握知识和技能、发展创新潜能的桥梁，是学生求知增智、求异创新的重要手段。在教学中，教师要重视引导学生把操作与思维活动结合起来，变用耳朵听数学为动手操作、动脑思考学数学，通过创设有趣的、具体的实践活动情境，让学生在"做"中学会数学、学会创新，不断培养学生的创新思维、实践能力和创新能力。

培养创新意识不是教师一厢情愿的独角戏，而是学生情感流淌的真参与；不是显山露水的短效应，而是静待花开的促发展。我们要努力为学生搭建充分展示知识的发生、发展过程的平台，并适时为学生提供具有挑战性、思维梯度的相关素材，不断激起学生的认知冲突，让学生经历对知识的体验和探究的过程，并借助自己已有的知识经验去再创造、再发现，使其在不断习得新知、形成技能的同时，逐步培养创新的勇气、灵感和意识。

后记

哲诗表达·变与不变

变与不变是什么？
它是数学思想方法
它是人生哲学思想
变是什么？
不变又是什么呢？
变会如何？
不变又是如何呢？

变——
事情总是充满变化的
有的变化是意料之中的
如课程思想的进阶和课标的更迭
有的变化是意料之外的
如学业质量的强化
如观念与意识的清晰化

人生的变化缘于外界与人心

外界善变，人心更善变

有时候是人心随着外界的变化而改变

这就是顺势而为与蓄势而强的智慧

也有时候人心逆着外界的变化而改变

这就是逆境突围与破除寒冰的勇气

昨日的陌生人，今日变成了朋友

昨日的朋友，今日也许走着走着就散了

昨日追随的人，今日已然变成了离人

昨日坚定的誓言，今日已然在无声的角落深深埋藏

不变——

万物也有不变的，就像那春夏秋冬

循环往复，也是一种不变

就像那带着地域特征的口音

乡音难改，也是一种不变

就像十年如一日专业发展之举

情怀不变，初心不改，也是一种不变

就像常怀感恩之心不会冷

就像身上傲骨清风从未改

……

就像一分耕耘一分收获

就像那落后就会要挨打

变与不变，相融——

人生的变与不变

并不是完全隔离的

反而是相连相融的

一切变与不变都是相对的

变中不变，不变中也在变

这种变是有序的、有源的

有时候，期盼改变

有时候，又害怕改变

先进了的，就会想着守成

落后了的，就会想着求变

人生，是变好，还是不变好

其实都好，也无所谓好

有些变，是求来的

有些变，却是不由人的

有些不变，是自然的

有些不变，却是刻意也守不住的

人生，不管变与不变

只要坚守本心，风轻云淡

一切让它随风而去吧！

借此《看见·思维》书稿完成之际

抒怀那些年平凡之路……

释怀过去种种变与不变的结果

与友共享、共勉、共乐

黄伟祥

2022年5月